江苏省产品伤害监测数据分析研究报告

(2014—2022)

主编 徐 燕 周金意

东南大学出版社
SOUTHEAST UNIVERSITY PRESS
·南京·

图书在版编目(CIP)数据

江苏省产品伤害监测数据分析研究报告. 2014-2022 / 徐燕，周金意主编. --南京：东南大学出版社，2024. 11. --ISBN 978-7-5766-1662-0

I. F279.275.3

中国国家版本馆 CIP 数据核字第 2024H9S456 号

责任编辑：郭 吉　　责任校对：张万莹　　封面设计：王 玥　　责任印制：周荣虎

江苏省产品伤害监测数据分析研究报告(2014—2022)
Jiangsu Sheng Chanpin Shanghai Jiance Shuju Fenxi Yanjiu Baogao(2014—2022)

主　编	徐　燕　周金意
出版发行	东南大学出版社
出 版 人	白云飞
社　址	南京市四牌楼 2 号(邮编：210096　电话：025 - 83793330)
经　销	全国各地新华书店
印　刷	苏州市古得堡数码印刷有限公司
开　本	787mm×1092mm　1/16
印　张	8.5
字　数	186 千字
版 印 次	2024 年 11 月第 1 版第 1 次印刷
书　号	ISBN 978-7-5766-1662-0
定　价	42.00 元

本社图书若有印装质量问题，请直接与营销部调换。电话(传真)：025 - 83791830

《江苏省产品伤害监测数据分析研究报告（2014—2022）》编委会

主　　编：徐　燕　周金意
副 主 编：张天龙　杜文聪
编　　委：吴　洵　李　雪　马世申
　　　　　殷　姣　黄晓萍　张小燕
　　　　　彭香红　王晓飞　邱　晶

前言

为了给政府部门及相关机构开展产品安全管理、制定消费者安全政策、评估政策效果、消除产品安全隐患等方面工作提供科学证据和决策依据，中国疾控中心慢病中心（以下简称"慢病中心"）与中国标准化研究院产品安全研究所（国家市场监管总局缺陷产品管理中心，以下简称"缺陷中心"）自2007年起共同开展产品伤害监测工作。产品伤害监测病例信息的收集在引发缺陷产品召回、发布产品伤害消费提示、支撑相关产品安全标准制订修订、开展消费者安全教育等方面发挥了显著作用，为我国产品伤害的预防干预提供了有依据、可探究、可分析的一线数据。

江苏省于2012年分别在浦口区和张家港市的六家哨点医院门急诊启动产品伤害监测工作，收集产品伤害相关报卡。项目工作开展以来，我省各监测点领导高度重视，建章立制，确保伤害监测工作有序运行，年平均产品伤害监测病例报卡数为3万余张，漏报、错填等质控指标一直处于较低水平。

本书通过统计分析2014至2022年江苏省浦口区和张家港市六家哨点医院的产品伤害监测数据，以产品伤害为研究对象，运用多种统计分析方法，深入研究江苏省产品伤害发生的规律，并总结了江苏省产品伤害分布特征与潜在风险，探讨了主要类别产品伤害的典型模式及特征，有助于预防与消除消费者可能受到的产品伤害，提高产品安全性和公共健康水平，为有效降低产品安全风险提供了技术支撑，同时为公共卫生政策的制定提供科学依据。

编者

2024年10月31日

目录 CONTENTS

第一章	产品伤害监测工作概述	001
1.1	产品伤害监测概述	002
1.2	江苏省产品伤害监测概述	003

第二章	产品伤害监测数据分析报告	005
2.1	概述	006
2.2	产品特征分析	008
2.3	伤害特征分析	012
2.4	伤患特征分类	015
2.5	环境特征分析	020

第三章	主要类别产品伤害数据分析报告	027
3.1	概述	028
3.2	汽车	031
3.3	其他交通运输设备	040
3.4	家用电器	048
3.5	家用日用品	056
3.6	家具	062
3.7	机械类	067

第四章	江苏省产品伤害数据分类树分析报告	075
4.1	分类树分析方法	076
4.2	有效产品伤害分类树分析	077
4.3	汽车产品伤害分类树分析	087
4.4	玩具产品伤害分类树分析	090
4.5	其他交通运输设备产品伤害分类树分析	091
4.6	家用电器产品伤害分类树	093

  4.7 家用日用品伤害分类树分析 ·· 099

第五章 产品伤害风险评价与技术分析初步探讨 ·· 103
  5.1 产品伤害风险评价方法 ·· 104
  5.2 产品伤害预警等级评价方法 ·· 105
  5.3 产品伤害风险预警与风险因素分析 ·· 107
  5.4 主要结论与消费提示 ·· 119

附录 1 全国伤害监测报告卡（产品伤害监测用 2014 版） ·· 121

附录 2 伤害监测产品分类 ·· 125

第一章
产品伤害监测工作概述

本章首先概述了产品伤害监测的背景，对产品伤害相关的概念进行了定义，为产品伤害的数据分析奠定了理论基础。在此基础上，阐述了江苏省产品伤害监测系统的目的、方法、内容与试点规模。

1.1 产品伤害监测概述

1.1.1 背景

随着市场经济与科学技术的发展，日益丰富的产品在满足人们生活需求的同时，因产品使用不当，或者因产品质量等原因所造成的人身伤害与财产损失事件也越来越多，产品伤害已成为世界各国关注的产品安全管理重要问题。

产品伤害监测是指对与产品有关的人身伤害信息进行样本采样、监视测定的技术过程，是为有效捕捉产品伤害信息、快速锁定产品伤害典型案例，进而为国家进行产品安全风险预警、对缺陷产品实施召回提供决策支撑技术服务的，是国家进行产品安全管理的一项基础性工作。产品伤害监测标准化的核心就是要实现专业术语标准化、程序流程标准化、管理服务标准化，以满足产品伤害监测信息全、时效强、反应快的根本要求。

美国消费者产品安全委员会(CPSC)建立的国家电子伤害监督系统(NEISS)实际上是一种产品伤害统计、监督和跟踪系统，可以通过美国国内及其领地内的样本医院，直接收集医院急诊部门接纳的由于消费产品所造成的受伤病例信息，其主要职能是及时、有效地向公众提供在美国发生的与消费产品相关的伤害信息。通过该系统可以按照时间范围、产品种类、年龄段、诊断病种、事发场所、身体部位等来评估全国范围内急诊室所处理的与产品有关的受伤害情况。

在英国，主管产品安全的政府部门是贸易与工业部，其所属皇家事故预防协会设立了类似的产品安全事故统计系统，即家庭事故监督系统(HASS)和休闲事故监督系统(LASS)。这两个数据库保存着在家庭和休闲场所发生的通过医院统计的伤害事故情况，其目的是深入了解在家庭和休闲场所发生的事故的方式和原因，从而促使有关机构制定相关政策，采取相关措施，防止类似事故的再次发生。

欧洲家庭和休闲事故监督系统(EHLASS)最初是由欧洲共同体(EC)为支持其成员国收集家庭和休闲伤害事故数据而建成的。2007年，EHLASS升级为Euro-IDB(伤害数据库)系统，并将收集范围扩大到所有伤害，包括与伤害有关的物品、伤害描述信息等。

1.1.2 定义

产品伤害监测涉及的基本概念包括产品、伤害、产品伤害、伤害监测与产品伤害监测。

产品是指经过加工、制作，用于销售的产品。

伤害是指突然间或短暂地遭受到不可耐受的能量作用而导致的人体损伤。

产品伤害是指因在家庭、学校、体育场所、休闲娱乐场所及其他公共场所等使用或消费各类消费品(如电动车、汽车、家用电器、体育用品、玩具等)而造成的各种非故意伤害的总称。产品伤害包括：

(1) 电动车刹车失灵导致消费者撞倒行人，造成不必要的伤亡；

(2) 汽车安全气囊在发生碰撞后不能自动弹出，导致驾驶人员受伤甚至是死亡；

(3) 消费者在使用电饭煲时触电击伤；

(4) 游泳圈漏气，导致儿童或成人溺水身亡；

(5) 摩托车刹车片脱落卡住前轮，导致驾驶员发生机动车车祸；

(6) 消费者在使用水杯时被烫伤；

(7) 自行车前叉突然断裂导致消费者摔伤；

(8) 新装修的房屋释放对人体有害气体导致中毒甚至死亡；

(9) 煤气罐气体泄漏导致人体一氧化碳中毒；

……

伤害监测是指持续、系统地收集、分析、解释和发布卫生相关信息。

产品伤害监测是指从样本医院持续、系统地收集与产品有关的伤亡数据，并对产品伤害数据进行分析的活动。

1.2 江苏省产品伤害监测概述

1.2.1 目的

随着产品质量问题日趋国际化，我国开始逐渐认识到产品伤害的严重性以及伤害预防与控制的迫切性，加快产品伤害监测系统建设已经引起了江苏省政府及相关部门的高度重视。

2012年2月6日，《国务院关于印发质量发展纲要(2011—2020年)》明确："质检、卫生等部门共同建立产品伤害监测系统，收集、统计、分析与产品相关的伤害信息，评估产品安全的潜在风险，及时发出产品伤害预警，为政府部门、行业组织及企业等制定防范措施提供依据。"

2014年5月7日，国务院办公厅《关于印发贯彻实施质量发展纲要2014年行动计划的通知》(国办发〔2014〕18号)要求："加强消费品等重点产品质量安全监管。突出对儿童用品、车用汽柴油等消费品的监管。探索建立消费品质量市场反溯机制。完善消费品风险和产品伤害监测体系及预警平台建设。"

2015年《政府工作报告》明确提出："建立健全消费品质量安全监管、追溯、召回制度。"

因此，产品伤害监测不仅起着预警防范产品伤害、保护消费者利益的重要作用，也将为履行好政府职能进而保障市场有序竞争、维护社会和谐稳定发展发挥重要作用。生产者在获得巨大利益的同时，应当承担伴随产品质量给消费者带来的伤害责任。通过开展产品伤害监测,及时发现不安全产品信息并向社会发布预警,加强对消费者权益的保护,可以建立人们对消费安全的信心,维护正常的消费秩序,促进江苏省整体经济的发展。

1.2.2 内容

江苏省产品伤害监测系统的监测内容由两部分组成:产品伤害信息监测系统(NISS)、产品伤害专项调查。目前,江苏省产品伤害监测系统内容主要来源于 NISS 和产品伤害专项信息电话回访。

NISS 具体监测内容包括:

(1) 患者基本情况:姓名、性别、年龄、户籍、文化程度、职业等;

(2) 伤害基本情况:伤害发生原因、伤害发生地点、伤害发生时活动等;

(3) 伤害临床特征:伤害性质、伤害部位、伤害程度、伤害结局等;

(4) 产品相关信息:伤害涉及物品的产品大类、产品小类、产品名称、产品品牌等。

国家市场监管总局缺陷产品管理中心(DPAC)以"与行业大类一致、产品分类唯一"为原则,根据产品的材质、用途等,参考借鉴美国消费者产品安全委员会(CPSC)发布的《NEISS 编码手册》、欧盟发布的《欧盟 IDB 编码手册》以及中华人民共和国统计局发布的《统计用产品分类目录》,制定了《伤害监测产品分类代码》,目前包括产品大类与产品小类二级编码。

1.2.3 方法

江苏省产品伤害监测核心信息通过 NISS 从样本医院收集。产品伤害专项信息根据不同时期产品质量管理的工作重点具体确定,通过电话回访收集信息。产品伤害专项调查作为信息补充渠道,对特别重要的产品质量情况组织小范围的专项调查,以深入了解与某类(种)产品相关伤害的详细信息。

NISS 使用由 DPAC 与慢病中心统一制定的《全国产品伤害监测报告卡》采集,当患者被医院诊断为伤害首诊患者时,由医院医生/护士填写伤害监测报告卡,每周由样本医院确定专人(医院防保科)负责收集填写完毕的产品伤害监测报告卡,并检查报告卡的填报质量,必要时进行补填和修改。县/区级疾控中心/慢性病防治中心确定专人负责,每两周一次收集医院产品伤害监测报告卡,并将卡片信息录入数据库。省/市级疾控中心或慢性病防治中心每月一次上报慢病中心,慢病中心将卡片扫描件(每周一次)、数据库(每周一次)转交 DPAC。

为提高 NISS 产品伤害数据采集质量,项目试点所在省/市、县(区)各级疾控中心/慢病防治院及现场医院分别成立项目工作组,并对培训、监测对象确定、报告卡填写、数据管理等制定统一的质量控制方案。同时,各级项目组定期开展漏报、错报、漏录、错录调查,评估 NISS 的运行情况,保证数据质量。

1.2.4 数据监测规模

NISS 项目试点的选择,兼顾城乡、地理分布及经济发展的差异,并结合当地伤害预防控制工作基础。自 2005 年中国疾控中心在全国开展伤害监测试点工作开始,2014—2022 年江苏省疾控中心对南京市浦口区、张家港市两个监测点的六家医院进行了相关监测工作。

第二章
产品伤害监测数据分析报告

本章对江苏省 2014—2022 年度有效产品伤害监测数据的总体数量和分布特征进行分析,包括产品特征、伤害特征、伤患特征、环境特征 4 个层面,具体对产品大类、产品小类、产品伤害发生原因、产品伤害部位、产品伤害性质、产品伤害程度、产品伤害结局、伤患性别、伤患年龄、伤患职业、伤患文化程度、产品伤害发生时间、产品伤害发生地点、产品伤害发生时活动共 14 个维度进行详细分析。

2.1 概述

本报告对江苏省产品伤害监测系统采集的 2014—2022 年度 456 351 条伤害检测数据进行系统整理和统计分析,分析框架如图 2-1 所示。

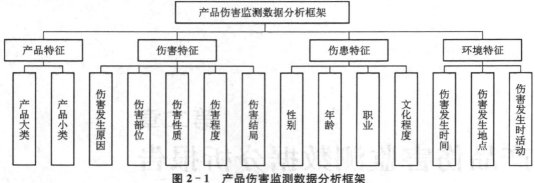

图 2-1 产品伤害监测数据分析框架

根据产品伤害监测数据分析框架,具体研究要素包括:
(1) 产品大类分析;
(2) 产品小类分析;
(3) 产品伤害发生原因分布统计;
(4) 产品伤害部位分布统计;
(5) 产品伤害性质分布统计;
(6) 产品伤害程度分布统计;
(7) 产品伤害结局分布统计;
(8) 伤患性别分布统计;
(9) 伤患年龄分布统计;
(10) 伤患职业分布统计;
(11) 伤患文化程度分布统计;
(12) 产品伤害发生时间分布统计;
(13) 产品伤害发生地点分布统计;
(14) 产品伤害发生时活动分布统计。

2014 年 1 月 1 日至 2022 年 12 月 31 日,江苏省两个监测点共监测到伤害 456 351 人次,其中涉及至少一种明确产品的有效产品伤害 327 145 人次,占 71.69%;非产品伤害 44 791 人次,其伤害率为 9.82%;不明确的伤害 84 415 人次,其伤害率为 18.50%(见表 2-1)。

表 2-1 江苏省 2014—2022 年度伤害数据相关统计

伤害类别	人次	比例/%
明确产品伤害	327 145	71.69
明确非产品伤害	44 791	9.82
不明确的伤害	84 415	18.50
合计	456 351	100.01

根据对江苏省 2014—2022 年度有效产品伤害数据的统计,总体情况如下:

(1) 江苏省该年度产品伤害排名前五位的产品大类依次是:① 其他交通运输设备;② 汽车;③ 金属制品;④ 家用日用品;⑤ 机械类。统计结果显示,其他交通运输设备发生产品伤害 93 301 人次,占 28.52%;汽车发生产品伤害 46 524 人次,占 14.22%;金属制品发生产品伤害 45 564 人次,占 13.93%;家用日用品发生产品伤害 35 540 人次,占 10.86%;机械类发生产品伤害 29 434 人次,占 9.00%。

(2) 江苏省该年度产品伤害排名前五位的产品小类依次是:① 助力车及零部件;② 轿车;③ 自行车;④ 手工工具、五金制品;⑤ 家用家具。统计结果显示,助力车及零部件发生产品 54 223 人次,占 16.57%;轿车发生产品伤害 39 989 人次,占 12.22%;自行车发生产品伤害 33 527 人次,占 10.25%;手工工具、五金制品发生产品伤害 23 846 人次,占 7.29%;家用家具发生产品伤害 20 035 人次,占 6.12%。

(3) 江苏省该年度排名前五位的产品伤害发生原因依次是:① 跌倒/坠落;② 刀/锐器伤;③ 非机动车车祸;④ 钝器伤;⑤ 机动车车祸。统计结果显示,跌倒/坠落造成产品伤害 125 391 人次,占 27.48%;刀/锐器伤造成产品伤害 80 048 人次,占 17.54%;非机动车车祸造成产品伤害 77 387 人次,占 16.96%;钝器伤造成产品伤害 58 336 人次,占 12.78%;机动车车祸造成产品伤害 53 691 人次,占 11.77%。

(4) 江苏省该年度排名前五位的产品伤害部位依次是:① 上肢;② 下肢;③ 头部;④ 多部位;⑤ 躯干。统计结果显示,产品伤害导致 131 696 人次上肢受伤,占 28.86%;产品伤害导致 127 920 人次下肢受伤,占 28.03%;产品伤害导致 87 784 人次头部受伤,占 19.24%;产品伤害导致 49 872 人次多部位受伤,占 10.93%;产品伤害导致 46 986 人次躯干受伤,占 10.30%。

(5) 江苏省该年度排名前三位的产品伤害性质依次是:① 挫伤、擦伤;② 锐器伤、咬伤、开放伤;③ 骨折。统计结果显示,产品伤害导致 195 467 人次挫伤、擦伤,占 42.83%;产品伤害导致 129 137 人次锐器伤、咬伤、开放伤,占 28.30%;产品伤害导致 69 117 人次骨折,占 15.15%。

(6) 江苏省该年度产品伤害程度按照伤害人次排名依次是:① 轻度;② 中度;③ 重度。统计结果显示,367 406 人次受到轻度产品伤害,占 80.51%;85 580 人次受到中度产品伤害,占 18.75%;3 365 人次受到重度产品伤害,占 0.74%。

(7) 江苏省该年度排名前三位的产品伤害结局依次是：① 处理后离院；② 住院；③ 留观。统计结果显示，391 288 人次处理后离院，占 85.74%；41 712 人次住院，占 9.14%；13 734 人次留观，占 3.01%。

(8) 江苏省该年度排名前三位的产品伤害年龄组依次是：① 25～44 岁；② 45～64 岁；③ 65 岁及以上。统计结果显示，伤患为 25～44 岁的产品伤害 166 594 人次，占 36.51%；伤患为 45～64 岁的产品伤害 154 889 人次，占 33.94%；伤患为 65 岁及以上的产品伤害 45 163 人次，占 9.90%。

(9) 江苏省该年度排名前三位的产品伤害发生地点依次是：① 公路/街道；② 家中；③ 工业和建筑场所。统计结果显示，152 901 人次产品伤害发生于公路/街道，占 33.51%；123 959 人次产品伤害发生于家中，占 27.16%；65 723 人次产品伤害发生于工业和建筑场所，占 14.40%。

2.2 产品特征分析

2.2.1 产品大类分析

2014—2022 年度江苏省监测到有效产品伤害 327 145 人次，产品大类分布如图 2-2 所示。

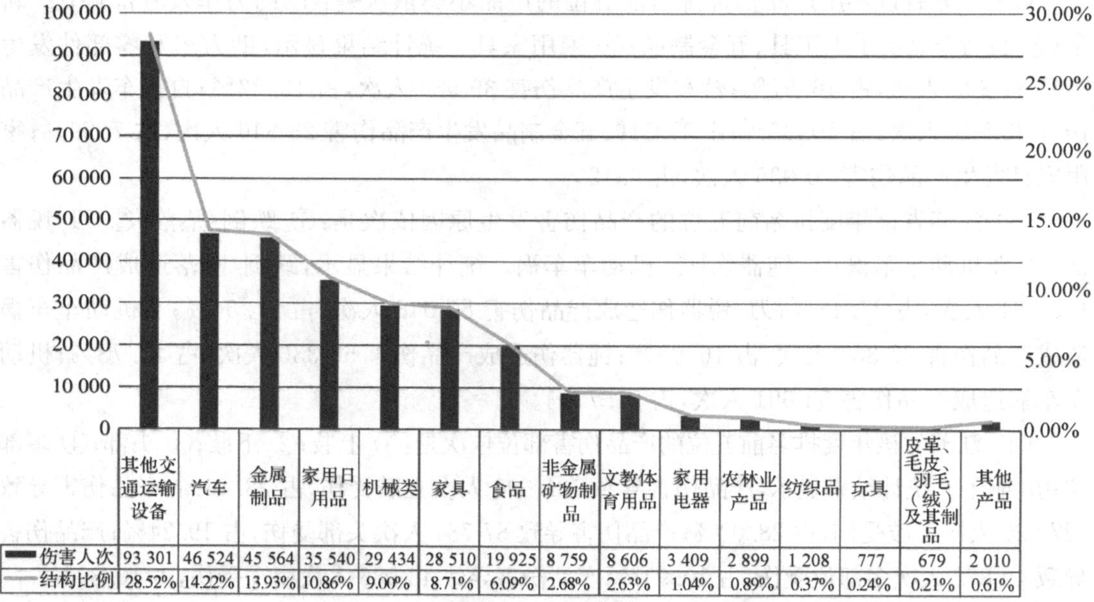

	其他交通运输设备	汽车	金属制品	家用日用品	机械类	家具	食品	非金属矿物制品	文教体育用品	家用电器	农林业产品	纺织品	玩具	皮革、毛皮、羽毛（绒）及其制品	其他产品
伤害人次	93 301	46 524	45 564	35 540	29 434	28 510	19 925	8 759	8 606	3 409	2 899	1 208	777	679	2 010
结构比例	28.52%	14.22%	13.93%	10.86%	9.00%	8.71%	6.09%	2.68%	2.63%	1.04%	0.89%	0.37%	0.24%	0.21%	0.61%

图 2-2 产品伤害相关产品大类分布

图 2-2 显示，2014—2022 年度江苏省产品伤害排名前六位的产品大类依次是：① 其他交通运输设备，93 301 人次，占 28.52%；② 汽车，46 524 人次，占 14.22%；③ 金属制品，45 564 人次，占 13.93%；④ 家用日用品，35 540 人次，占 10.86%；⑤ 机械类，29 434 人次，占 9.00%；⑥ 家具，28 510 人次，占 8.71%。

统计结果显示，汽车与其他交通运输设备、金属制品、家用日用品、机械、家具是使人受伤害次数最多的产品。其他交通运输设备和汽车名列前两位，是因为交通工具是人类社会与经济活动使用最频繁的产品之一，其体积、重量、速度居产品之首，人们的出行与商品的运输离不开交通工具，因交通工具引发的事故频频增多。2014—2022年各年的排名前五位的产品大类和排名均相同或相近，占比相差不大。以2015年为例，其他交通运输设备类产品伤害占30.76%，汽车类产品伤害占17.88%，金属制品类产品伤害占14.77%，家用日用品类产品伤害占10.44%，非金属矿物制品产品伤害占6.82%，机械类产品伤害占6.70%，与整体相比没有明显差别。

2.2.2 产品小类分析

各产品大类产品伤害中排名前三位的产品小类分布如表2-2所示。

表2-2　各产品大类产品伤害排名前三位的产品小类分布

序号	产品大类	产品小类	人次	占比
1	农、林、牧、渔产品	林业产品	2 774	0.85%
		农业产品	123	0.04%
2	食品、饮料、食品相关产品	农副食品加工产品	14 347	4.39%
		饮料	4 953	1.51%
		制造食品	625	0.19%
3	纺织品、服装(饰)、鞋帽	鞋帽	695	0.21%
		机织物和簇绒织物、服装以外的纺织制品、线和丝	361	0.11%
		特种劳动防护用品	124	0.04%
4	皮革、毛皮、羽毛(绒)及其制品，木、竹、藤、棕、草制品，纸及其制品	皮革、毛皮、羽毛(绒)及其制品	193	0.06%
		木、竹、藤、棕、草制品	302	0.09%
		纸及其制品	184	0.06%
5	家具	家用家具	20 035	6.12%
		办公家具	605	0.18%
		其他家具	7 870	2.41%
6	文教体育用品	体育用品	6 983	2.13%
		文化用品	1 083	0.33%
		健身器材	540	0.17%
7	家用日用品	手工工具、五金制品	23 864	7.29%
		日用杂品	9 420	2.88%
		日用陶瓷	2 256	0.69%

续表

序号	产品大类	产品小类	人次	占比
8	汽车	轿车	39 989	12.22%
		客车	2 291	0.70%
		载货汽车	4 244	1.30%
9	其他交通运输设备	助力车及零部件	54 223	16.57%
		自行车	33 527	10.25%
		摩托车	5 551	1.70%
10	儿童玩具及用品	娃娃玩具、塑胶玩具	442	0.14%
		童车类	208	0.06%
		弹射玩具	127	0.04%
11	家用电器	家用厨房电器具	813	0.25%
		家用制冷电器具	594	0.18%
		其他家用电器和电器附件	1 647	0.50%

表 2-2 显示，2014—2022 年度江苏省产品伤害排名前五位的产品小类依次是：① 助力车及零部件，54 223 人次，占 16.57%；② 轿车，39 989 人次，占 12.22%；③ 自行车，33 527 人次，占 10.25%；④ 手工工具、五金制品，23 864 人次，占 7.29%；⑤ 家用家具，20 035 人次，占 6.12%；其余分别是农副食品加工产品 14 347 人次，占 4.39%；日用杂品 9 420 人次，占 2.88%；其他家具 7 870 人次，占 2.41%；体育用品 6 983 人次，占 2.13%；饮料 4 953 人次，占 1.51%。

产品伤害排名前十位的产品小类分布如图 2-3 所示。

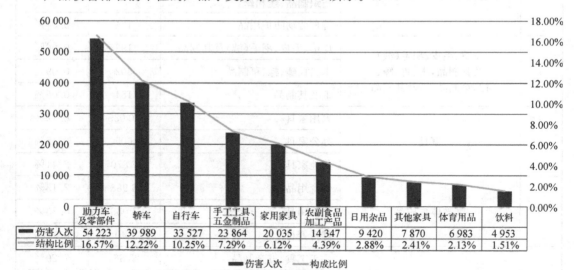

图 2-3 产品伤害排名前十位的产品小类分布

2014—2022年度江苏省产品伤害小类中前五位达到52.47%,前十位总和达到65.78%。前五个小类中有三个与交通工具相关,即助力车、轿车和自行车,其伤害人次远超过其他小类,原因可能是:

1. 机动车和非机动车保有量持续增长

根据中华人民共和国中央人民政府官网,截至2023年12月底,我国机动车保有量达4.35亿辆,其中汽车3.36亿辆,新能源汽车2 000万辆;机动车驾驶人5.23亿人,汽车驾驶人4.86亿人。全国共有94个城市汽车保有量超过100万辆,23个城市超过300万辆,苏州等5个城市超过500万辆。截至2022年9月,江苏省机动车保有量达2 460.48万辆,比上年同期增长5.18%。其中,汽车2 277.21万辆,摩托车161.79万辆。全省机动车驾驶人为3 320.49万人,比上年同期增长3.81%,其中汽车驾驶人3 168万人。

截止到2022年7月23日,中国电动两轮和三轮自行车的保有量已经超过3亿,并且仍然在以每年30%的增速快速增加。电动自行车在中国一直是个比较特殊的产业,虽然它兼顾价格便宜、操作灵活等特点,但在实际使用过程中,驾驶者由于缺乏交通安全基础知识导致安全事故频繁等问题也日益突出,不少城市也在控制电动自行车的野蛮生长,甚至不惜采取禁行的措施。江苏、山东、河北、河南以及浙江是两轮电动车相关企业注册的前五名地区。目前江苏全省电动自行车的保有量达3000万辆,而且这一数字还在以每年8%的趋势在增长。相应的电动自行车交通事故,也呈现居高不下的态势。

2. 我国道路交通事故频发

根据国家统计局公布的数字,2022年中国交通事故伤亡人数如表2-3所示。我国2022年机动车、非机动车、行人和其他交通事故共发生256 409起,造成263 621人次受伤,死亡60 676人次,其中机动车交通事故死亡人数占95%以上。在造成交通事故的违法行为中,机动车违法引发的交通事故约占事故总数的88%。

表2-3 2022年度交通事故伤亡人数统计

交通事故/起	受伤/人次	死亡/人次
256 409	263 621	60 676

3. 产品质量安全问题导致大量汽车被召回

2022、2023年,我国分别实施汽车召回204次、214次,2022年比上年降低12.4%、2023年比上年增加4.9%;涉及车辆448.8万辆、672.8万辆,2022年比上年降低48.6%、2023年比上年增加49.9%。随着新能源汽车保有量增加,新能源汽车召回数量继续创历史新高,2022、2023年分别实施新能源汽车召回47次、72次,共涉及车辆281.5万辆,大约占全年召回总数量的1/4,平均每年增长32%。远程升级(OTA)逐渐成为车辆安全改进的重要方式,实施OTA召回23次,涉及车辆206万辆,占全年召回总数量的20%左右。截至2023年年底,我国已累计实施汽车召回2 842次,涉及车辆1.03亿辆。

2.3 伤害特征分析

2.3.1 伤害发生原因分析

江苏省2014—2022年度产品伤害发生原因分布如图2-4所示。

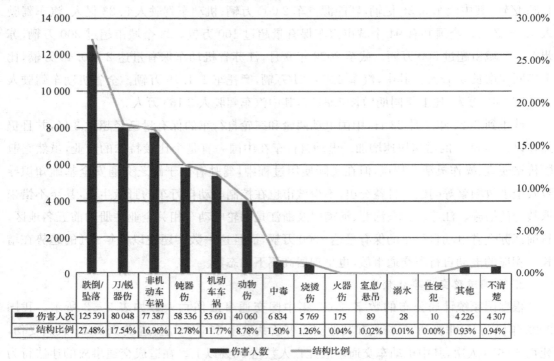

图2-4 产品伤害发生原因分布

图2-4数据说明,江苏省2014—2022年度排名前五位的产品伤害发生原因为:① 跌倒/坠落,125 391人次,占27.48%;② 刀/锐器伤,80 048人次,占17.54%;③ 非机动车车祸,77 387人次,占16.96%;④ 钝器伤,58 336人次,占12.78%;⑤ 机动车车祸伤,53 691人次,占11.77%。

统计结果显示,上述五类产品发生原因所造成的伤害人次之和占86.53%,绝大部分产品伤害都是由这五类原因所致。除这五类原因之外的其他产品伤害发生原因不常见,导致的伤害人次很少,一共只占11.61%,剩余的1.87%原因不清楚。2020年之前,第二位是钝器伤,占14.04%,第四位是刀/锐器伤,占11.68%,其他次序相同,占比非常接近,略有差异。

2.3.2 伤害部位分析

江苏省2014—2022年度产品伤害部位分布如图2-5所示。

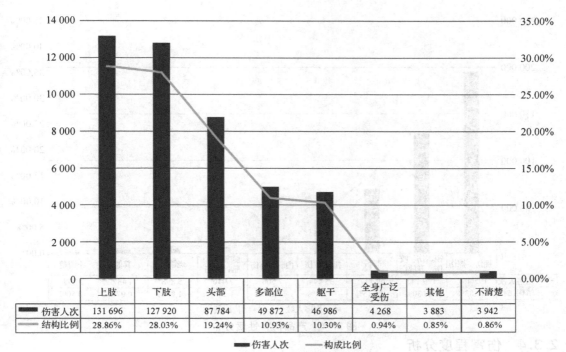

图 2-5 产品伤害部位分布

图 2-5 数据说明,江苏省 2014—2022 年度排名前五位的产品伤害部位为:① 上肢,131 696 人次,占 28.86%;② 下肢,127 920 人次,占 28.03%;③ 头部,87 784 人次,占 19.24%;④ 多部位,49 872 人次,占 10.93%;⑤ 躯干,46 986 人次,占 10.30%。

统计结果显示,上肢、下肢、头部、躯干这四个部位均属于易受伤害的部位,加上部分这些部位共同受伤害的情形总共的伤害人次之和占 97.35%;其余的部位受到产品伤害的情况不常见,总共占 2.65%。其中 2015 年度,上肢占 26.40%,下肢占 25.52%,头部占 18.51%,多部位占 19.29%,躯干占 9.66%。与 2014—2022 年伤害总体情况相比,排名前五位的产品伤害部位一样,排序与占比都没有太大变化。

2.3.3 伤害性质分析

江苏省 2014—2022 年度产品伤害性质分布如图 2-6 所示。

图 2-6 数据说明,江苏省 2014—2022 年度排名前四位的产品伤害性质为:① 挫伤、擦伤,195 467 人次,占 42.83%;② 锐器伤、咬伤、开放伤,129 137 人次,占 28.30%;③ 骨折,69 117 人次,占 15.15%;④ 扭伤/拉伤,35 444 人次,占 7.77%。

挫伤、擦伤,锐器伤、咬伤、开放伤,骨折,扭伤、拉伤都是常见的外科伤,也是产品伤害性质中伤害次数较多的,其他的伤害性质相比较而言不常见。2015 年度,挫伤、擦伤占 49.07%,锐器伤、咬伤、开放伤占 27.86%,骨折占 13.46%,与 2014—2022 年度的排名和占比相比非常接近。

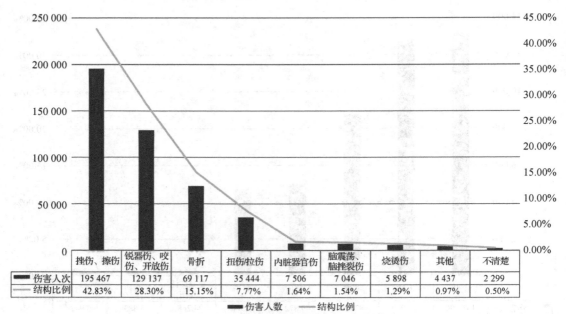

图 2-6　产品伤害性质分布

2.3.4　伤害程度分析

江苏省 2014—2022 年度产品伤害程度分布如图 2-7 所示。

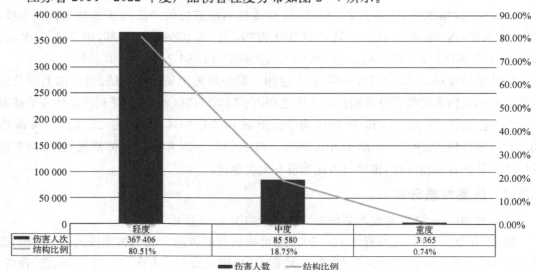

图 2-7　产品伤害程度分布

图 2-7 数据说明,江苏省 2014—2022 年度产品伤害程度为:① 轻度,367 406 人次,占 80.51%;② 中度,85 580 人次,占 18.75%;③ 重度,3 365 人次,占 0.74%。

统计结果显示,产品伤害程度中,轻度和中度的产品伤害最多,二者之和达到了 99.26%,重度伤害很少,只有 0.74%。2015 年度,轻度产品伤害占 75.81%,中度产品伤害占 23.12%,重度产品伤害占 1.07%,占比接近。

2.3.5 伤害结局分析

江苏省 2014—2022 年度产品伤害结局分布如图 2-8 所示。

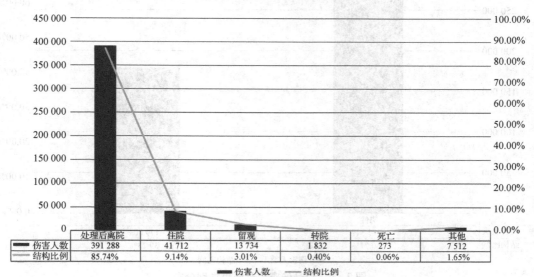

图 2-8　产品伤害结局分布

图 2-8 数据说明,江苏省 2014—2022 年度产品伤害结局为:① 处理后离院,391 288 人次,占 85.74%;② 住院,41 712 人次,占 9.14%;③ 留观,13 734 人次,占 3.01%;④ 转院,1 832 人次,占 0.40%;⑤ 死亡,273 人,占 0.06%;⑥ 其他,7 512 人次,占 1.65%。

统计结果显示,处理后离院的受伤害人数最多,其后依次是住院、留观、转院,死亡 273 人。进一步联系产品伤害程度分布进行分析,处理后离院的受害人中大多数为轻伤,住院、留观、转院的受害人以中度伤害为主。需要说明,2014—2015 年伤害结局分为 4 类,2016 年开始将产品伤害结局分为 6 类,更为细致。

2.4　伤患特征分类

2.4.1 性别分析

2014—2022 年度产品相关伤患性别分布如图 2-9 所示。

图 2-9 数据说明,2014—2022 年度产品相关伤患性别分布为:男性,277 347 人次,占 60.77%;女性,179 004 人次,占 39.23%。男性与女性的性别比(以女性为 100)为 154.94。根据江苏省政府网站资料,2023 年末,全省常住人口 8 526 万人,其中男性人口 4 322 万人,女性人口 4 204 万人,总人口性别比为 102.81。综上,产品伤害相关伤患的性别比明显高于总人口性别比。

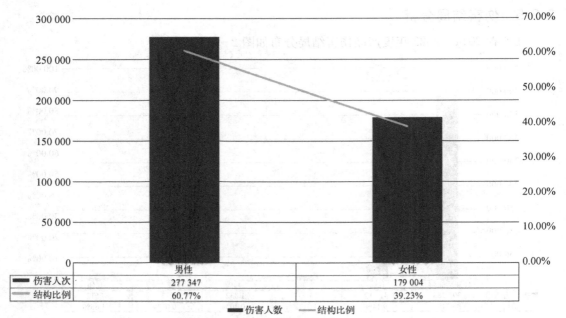

图 2-9 产品伤害相关伤患性别分布

2.4.2 年龄分析

2014—2022 年度产品伤害相关伤患等间隔年龄分布如图 2-10 所示。

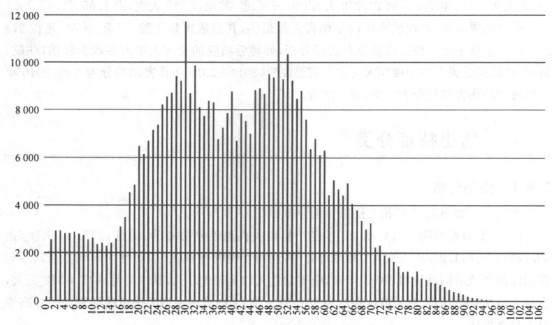

图 2-10 2014—2022 年产品伤害相关伤患等间隔年龄分布

数据显示,最大年龄 105 岁,平均年龄 40.71 岁,标准差 18.17 岁。图 2-10 分布左偏,显示年轻人更容易受到伤害。图 2-10 有两个峰值,众数分别是 30 岁和 50 岁,伤害人数分别是 11 726、11 753 人次,中位数为 41 岁。2014—2022 年度产品伤害相关伤患参照《伤害检测指南》分类,其年龄分布如图 2-11 所示。

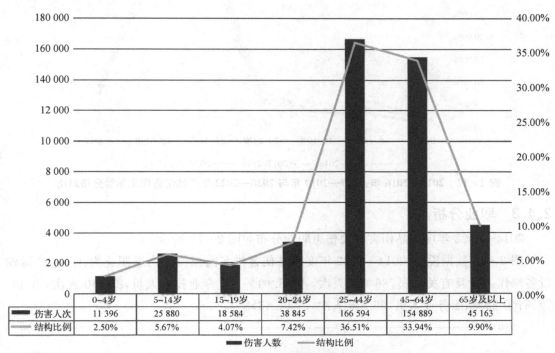

图 2-11 2014—2022 年产品伤害相关伤患特殊分组年龄分布

图 2-11 数据说明,2014—2022 年度产品伤害排名前三位的伤患年龄组为:① 25～44 岁,166 594 人次,占 36.51%;② 45～64 岁,154 889 人次,占 33.94%;③ 65 岁及以上,45 163 人次,占 9.90%。

为解释 2014—2022 年度产品伤害相关伤患的分组年龄分布特征,我们用 2014—2016 年、2017—2019 年与 2020—2022 年产品伤害相关伤患分组年龄分布进行对比(如图 2-12 所示)。对比发现各时间段在 15～19 岁上的分布比例大体相同,在 20～24 岁、25～64 岁这两个年龄段有小幅下降趋势,但在 5～14 岁、65 岁及以上组有小幅增长趋势。

结合现实状况与国家的相关政策进行思考,我们发现之所以会发生这种改变,有可能是人口老龄化所带来的后果,65 岁及以上离退休人群显著增加,而 20 岁左右的年轻劳动力人口则相对缺乏。因此,人口老龄化的问题正在日益凸显,而 2015 年"二孩"政策的全面放开将使人口老龄化的问题得到一些解决。

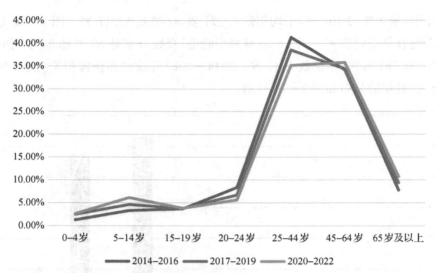

图 2-12　2014—2016 年、2017—2019 年与 2020—2022 年产品伤害伤患年龄分布对比

2.4.3　职业分析

2014—2022 年度产品伤害相关伤患职业分布如图 2-13 所示。

图 2-13 数据说明,2014—2022 年度产品伤害排名前三位的伤患职业为:① 生产运输设备操作人员及有关人员,86 427 人次,占 18.94%;② 专业技术人员,85 640 人次,占 18.77%;③ 商业、服务业人员,56 726 人次,占 12.43%。

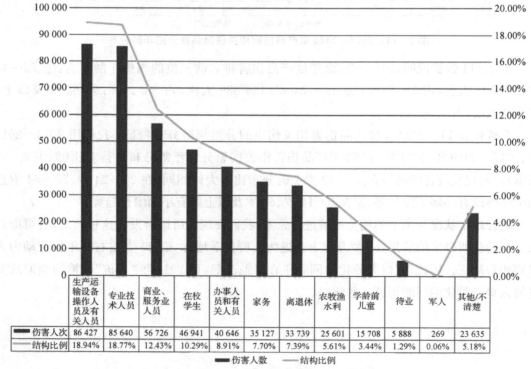

图 2-13　2014—2022 年产品伤害相关伤患职业分布

对比2014—2022年度与2015年产品伤害相关伤患职业分布(图2-14)，我们发现两者之间的伤害比例构成基本一致，没有大的差异。这三种职业出现伤患比例较高是因为其职业需要经常外出进行技术操作和提供服务。

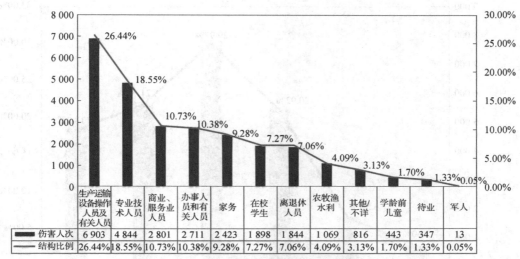

图2-14 2015年产品伤害相关伤患职业分布

2.4.4 文化程度分析

2014—2022年度产品伤害相关伤患的文化程度分布如图2-15所示(其中剔除了无效数据，因为其数据编码为0，无法甄别)。

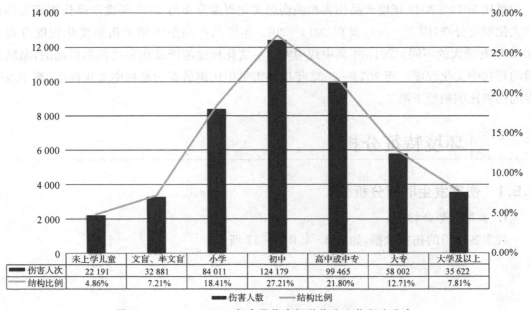

图2-15 2014—2022年产品伤害相关伤患文化程度分布

图 2-15 数据说明,2014—2022 年度产品伤害排名前三位的伤患文化程度为:① 初中,124 179 人次,占 27.21%;② 高中或中专,99 465 人次,占 21.80%;③ 小学,84 011 人次,占 18.41%。

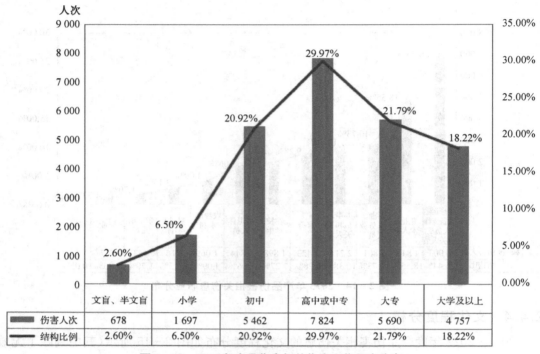

图 2-16　2015 年产品伤害相关伤患文化程度分布

对比 2014—2022 年度产品伤害相关伤患文化程度分布与 2015 年度产品伤害相关伤患的文化程度分布(图 2-16),发现 2014—2022 年度的产品伤害相关伤患文化程度分布与 2015 年有较大的不同。2015 年高中或中专这一文化程度的产品伤害比例是最高的,紧随其后的是初中文化程度。而 2014—2022 年度伤害发生比例最高的是初中文化程度,高中或中专的伤害比例则处于第二。

2.5　环境特征分析

2.5.1　伤害发生时间分析

1. 长期趋势分析

收集各年份的伤害数据,如表 2-4、图 2-17 所示。

表 2-4 2014—2022 年度产品伤害年时间序列

年份	时序 t	伤害人数 Y	t^2	tY	趋势值 $\hat{Y}$
2014	−4	46 907	16	−187 628	44 404.93
2015	−3	45 250	9	−135 750	45 980.12
2016	−2	48 532	4	−97 064	47 555.30
2017	−1	44 852	1	−44 852	49 130.48
2018	0	57 428	0	0	50 705.67
2019	1	45 357	1	45 357	52 280.85
2020	2	50 878	4	101 756	53 856.03
2021	3	55 896	9	167 688	55 431.22
2022	4	61 251	16	245 004	57 006.40
合计	0	456 351	60	94 511	456 351

图 2-17 显示伤害人次呈线性增长趋势，由表 2-4 拟合线性趋势线模型：

$$\hat{Y}=a+bt=50\,705.67+1\,575.18t \tag{2.1}$$

由此可以确定各年份的趋势值（表 2-4 的最后列），并可以对 2023、2024 年伤害人次进行估计，分别为 58 582、60 157 人次，95%的伤害人次置信区间分别是[49 622, 67 542]和[51 197, 69 117]。由此可以预测江苏省年伤害人次，作为配置医疗资源的依据。

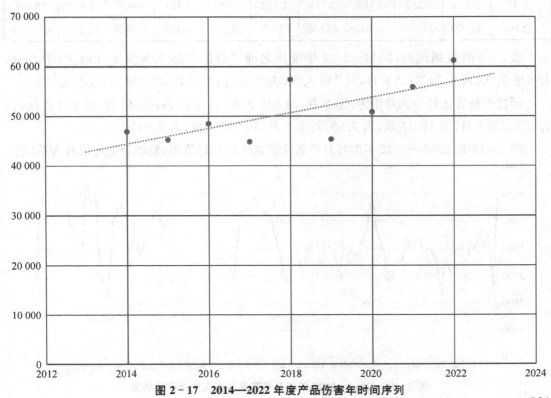

图 2-17 2014—2022 年度产品伤害年时间序列

2. 季节性变化分析

以月为单位,对2014—2022年度产品伤害进行统计,2014—2022年度产品伤害发生时间(月)的分布如表2-5、图2-18所示。

表2-5 2014—2022年度产品伤害发生时间(月)的分布

	2014	2015	2016	2017	2018	2019	2020	2021	2022	合计
1月	5 782	3 677	3 227	3 037	3 599	4 698	3 008	4 943	4 199	36 170
2月	2 659	2 308	2 470	3 288	2 576	2 816	1 264	3 369	3 285	24 035
3月	4 461	3 416	3 723	4 055	3 664	3 421	3 538	5 251	4 711	36 240
4月	4 028	3 866	4 228	4 117	4 206	3 415	4 724	5 717	4 896	39 197
5月	4 714	3 986	4 632	3 939	4 868	3 718	5 355	5 406	6 028	42 646
6月	3 939	3 818	5 997	3 433	5 256	3 653	4 738	4 964	5 948	41 746
7月	4 357	4 349	4 882	4 523	5 366	4 248	5 066	2 285	6 313	41 389
8月	3 624	4 313	4 373	4 284	5 559	4 435	5 494	2 521	5 893	40 496
9月	3 391	3 915	4 023	3 749	5 830	4 353	5 039	3 211	6 072	39 583
10月	3 461	4 474	3 692	3 083	5 758	3 545	4 807	5 979	5 961	40 760
11月	3 345	3 563	4 099	3 613	5 378	3 458	4 031	5 560	5 085	38 132
12月	3 146	3 565	3 186	3 731	5 368	3 597	3 814	6 690	2 860	35 957
合计	46 907	45 250	48 532	44 852	57 428	45 357	50 878	55 896	61 251	456 351

表2-5的数据说明,2014—2022年度排名前三位的产品伤害发生月份为:① 5月,42 646人次,占9.34%;② 6月,41 746人次,占9.15%;③ 7月,41 389人次,占9.07%。

而发生伤害比较少的月份为:① 2月,24 035人次,占5.27%;② 12月,35 957人次,占7.88%;③ 1月,36 170人次,占7.93%;④ 3月,36 240人次,占7.94%。

图2-18是2014—2022年度各月产品伤害人次时间趋势图,数轴分别是以月为单位的

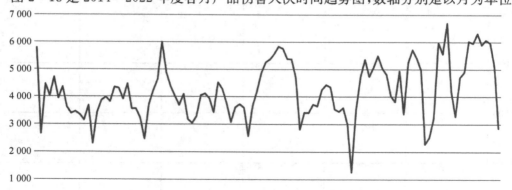

图2-18 2014—2022年度各月产品伤害人次时间趋势图

时间序与伤害人次。从趋势图可以看出，2014—2022年度各年的产品伤害人次基本平稳，有缓慢上升的趋势；同时有明显的周期性变化，即以年为单位的季节性变化，2014—2022年度的前6年的季节性变化更加明显，2020—2022年度的周期性紊乱可能与疫情导致经济活动放缓或停滞有关。为了看得更加清楚，拆分成各年同月的数据并进行比较，形成了图2-19；再进行平均形成图2-20，大体可以反映伤害人次随季节变化的规律。

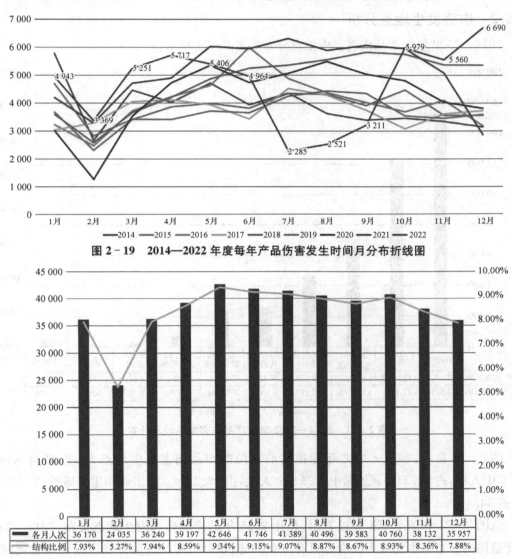

图2-19　2014—2022年度每年产品伤害发生时间月分布折线图

图2-20　2014—2022年度产品伤害发生时间月分布柱形图

图2-18和图2-19对比可以看出，2014—2022年度的伤害发生时间分布的整体趋势是基本一致的。仔细观察比对两张图可以发现，2014—2022年度整体各个相邻月份的产品伤害发生频率基本呈现均匀分布，而各年出现了比较大的波动，其中2021年变动较大，7~9

月发生的伤害较少或未及时就诊,估计与疫情有关。2014—2022年,从伤害频次最低的2月开始,伤害频次增加至3月达到最高点,随后整体呈现一种缓步下降的趋势。结合季节因素,我们认为这是由于每年1~3月是冬季,天气寒冷,人们的活动较少,在非必要情况下,人们通常会选择待在室内,而不是外出,尤其是2、3两个月份,中国传统假日春节也在此期间。因此,2、3两个月份的伤害频次显著低于其他月份。

2.5.2 伤害发生地点分析

2014—2022年度产品伤害发生地点分布如图2-21所示。

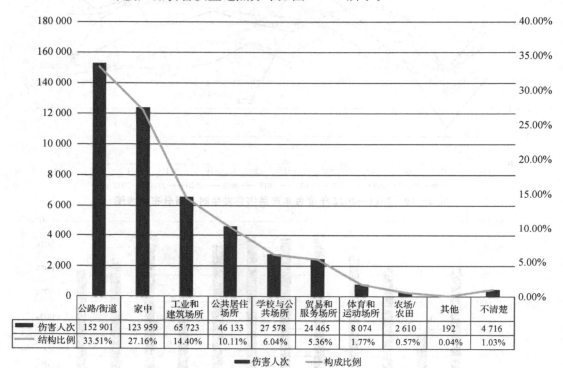

图2-21 2014—2022年度产品伤害发生地点分布

图2-21显示,2014—2022年度排名前三位的产品伤害发生地点为:① 公路/街道,152 901人次,占33.51%;② 家中,123 959人次,占27.16%;③ 工业和建筑场所,65 723人次,占14.40%。

从图2-21和图2-22可以看出,相比2015年的产品伤害发生地点分布,2014—2022年度整体的分布基本无太大改变。只有工业和建筑场所、贸易与服务场所的伤害比例的序位略有所下降,使得呈现指数下滑的趋势不再如2015年那样明显。

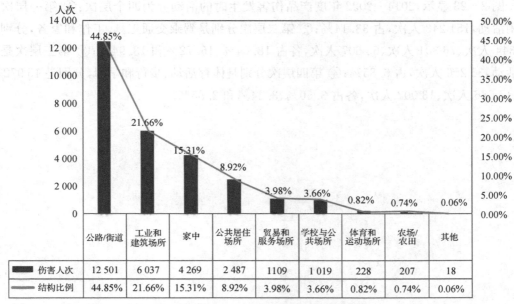

图 2-22 2015年产品伤害发生地点分布

2.5.3 伤害发生时的活动分析

2014—2022年度产品伤害发生时的活动分布如图2-23所示。

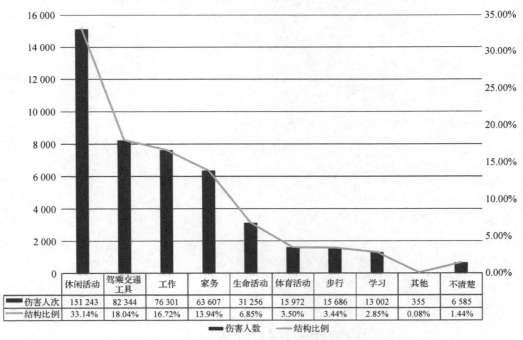

图 2-23 2014—2022年度产品伤害发生时的活动分布

图 2-23 显示，2014—2022 年度产品伤害发生时的活动分为四个层次：① 第一层次是休闲活动，151 243 人次，占 33.14%；② 第二层次分别是驾乘交通工具、工作和家务，分别是 82 344 人次、76 301 人次、63 607 人次，各占 18.04%、16.72% 和 13.94%；③ 第三层次是生命活动，31 256 人次，占 6.85%；④ 第四层次分别是体育活动、步行和学习，分别是 15 972 人次、15 686 人次、13 002 人次，各占 3.50%、3.44% 和 2.85%。

第三章
主要类别产品伤害数据分析报告

3.1 概述

国家产品伤害监测系统监测产品包括汽车、其他交通运输设备、家用电器等多个大类产品。根据目前产品安全监管工作重点,结合产品伤害人次与产品伤害程度等监测指标,本章报告将围绕6大类产品作为主要类别进行统计描述。随着产品安全工作重点的调整,国家产品伤害信息监测系统的不断建设与完善,后续报告中主要类别产品的范畴也将不断调整。

本章剔除伤害产品信息不全的伤害,对主要类别产品伤害数据进行分析,发现其规律。首先对2014—2022年度主要产品大类的变化及结构比例分三段时间区间(2014—2016年、2017—2019年、2020—2022年)进行比较。三个时间段的产品伤害人次如图3-1所示,三个时间段的产品伤害人次的比例关系如图3-2所示。图中的顺序是2014—2022年度整体的序位,可见各时间段的序位与整体序位基本一致。

(1) 2020—2022年各产品大类与整体序位相比,金属制品、机械类、文教体育用品三类产品的伤害人次增加较快,构成比例有所上升。

(2) 2017—2019年各产品大类与整体序位相比,只是家具与食品类产品伤害人次与2014—2016年相比增加较多,形成了序位逆转。

(3) 2014—2016年各产品大类与整体序位相比,只有机械类产品当时的伤害人次较低,与整体序位不一致。

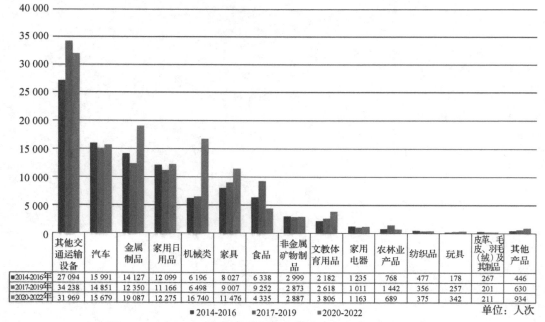

图 3-1 2014—2022年各时间段主要产品大类的序位变化情况

主要类别产品伤害数据分析报告 | 第三章

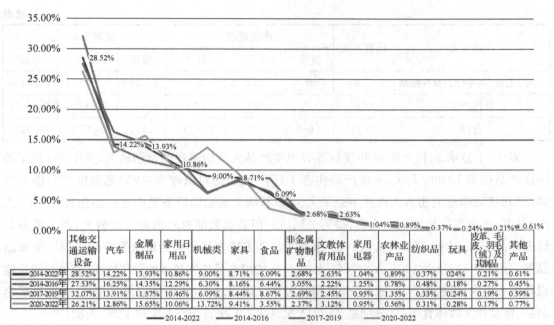

图 3-2 2014—2022 年各时间段主要产品大类比例的变化情况

2014—2022 年度江苏省主要产品大类伤害程度及其分布如表 3-1、图 3-3 所示。

表 3-1 主要产品大类伤害程度及比例关系

产品大类	伤害人次	伤害程度			比例关系/%		
		重度	中度	轻度	重度	中度	轻度
其他交通运输设备	93 301	469	17 276	75 556	0.50	18.52	80.98
汽车	46 524	1 154	12 088	33 282	2.48	25.98	71.54
金属制品	45 564	143	7 845	37 576	0.31	17.22	82.47
家用日用品	35 540	93	7 538	27 909	0.26	21.21	78.53
机械类	29 434	313	8 806	20 315	1.06	29.92	69.02
家具	28 510	173	5 641	22 696	0.61	19.79	79.61
食品	19 925	105	1 889	17 931	0.53	9.48	89.99
非金属矿物制品	8 759	48	1 958	6 753	0.55	22.35	77.10
文教体育用品	8 606	13	1 295	7 298	0.15	15.05	84.80
家用电器	3 409	33	634	2 742	0.97	18.60	80.43
农副食品加工产品	2 899	10	244	2 645	0.34	8.42	91.24
纺织品	1 208	7	225	976	0.58	18.63	80.79
玩具	777	0	76	701	0.00	9.78	90.22

续表

产品大类	伤害人次	伤害程度			比例关系/%		
		重度	中度	轻度	重度	中度	轻度
皮革、毛皮、羽毛(绒)及其制品	679	8	118	553	1.18%	17.38%	81.44%
其他产品	2 010	97	627	1 286	4.83%	31.19%	63.98%
合计	327 145	2 666	66 260	258 219	0.81%	20.25%	78.93%

表 3-1 显示 2014—2022 年度江苏省主要产品大类伤害程度差别较大,其中:① 汽车类中度产品伤害 12 088 人次,重度产品伤害 1 154 人次,绝对值较大,特别是重度产品伤害较多,但其基数即总的伤害人次并不是最大。② 其他交通运输设备类中度产品伤害 17 276 人次,最多;重度产品伤害 469 人次,是第二顺位。但其基数即总的伤害人次最大,即大部分是轻度产品伤害,达到 75 556 人次。③ 重度产品伤害较多的还包括机械类产品、家具、金属制品等,分别是 313 人次、173 人次、143 人次。④ 中度产品伤害较多的除了汽车、其他交通运输设备第一层次、机械类产品、家具、金属制品等第二层次之外,还包括家用日用品、非金属矿物制品、食品和文教体育用品,分别是 7 538 人次、1 958 人次、1 889 人次和 1 295 人次。

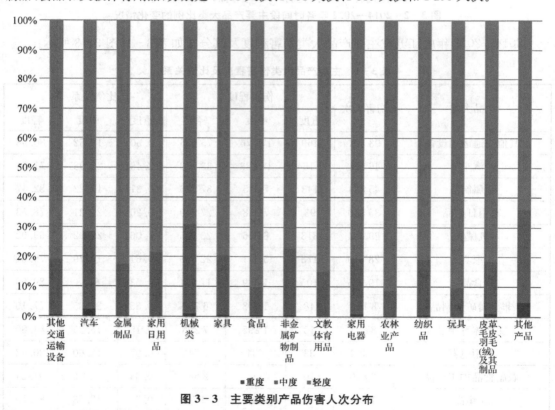

图 3-3 主要类别产品伤害人次分布

图 3-3 和表 3-1 显示 2014—2022 年度江苏省主要产品大类伤害程度比例。① 首先是其他产品类,只有 63.98% 是轻度产品伤害,是最低的,意味着该产品类的伤害重度与中

度比较多,分别是 4.83%、31.19%,最大。该产品类型比较复杂,大部分是药品、化工产品等,虽然总量不多,但伤害程度大。② 重度产品伤害占比较多的分别是汽车、皮革毛皮羽毛(绒)及其制品、机械类产品,分别是 2.48%、1.18% 和 1.06%。③ 中度产品伤害占比较多的,除了汽车、机械类产品分别占 25.98%、29.92% 外,非金属矿物制品、家用日用品是第二层次,分别占 22.35%、21.21%。家具(19.79%),纺织品(18.63%),家用电器(18.6%),其他交通运输设备(18.52%),皮革、毛皮、羽毛(绒)及其制品(17.38%)和金属制品(17.22%)的中度产品伤害占比也不低。

从图 3-3 和表 3-1 可以看出,机械、汽车两类中度和重度伤害程度的比例较高,中度和重度受伤的比例将近达到三成,而基数也比较大,需要重点关注。家具、家用电器和其他交通运输设备的轻伤比例相对也不高。药品等其他产品伤害人次规模不大,但其轻伤比例相对最低,也应该加以关注。

3.2 汽车

3.2.1 产品特征分析

根据《汽车和挂车类型的术语和定义》(GB/T 3730.1—2001)、《机动车运行安全技术条件》(GB 7258—2012),汽车的定义为:由动力驱动,具有四个或四个以上车轮的非轨道承载的车辆,主要用于载运人员和(或)货物、牵引载运人员和(或)货物以及其他特殊用途、专项作业。参照《汽车和挂车类型的术语和定义》(GB/T 3730.1—2001)、《机动车辆及挂车分类》(GB/T 15089—2001),汽车具有以下几种分类:大中型客车、小型客车、轿车、载货汽车、汽车挂车、车载零部件及附件等。汽车产品伤害类型分布详见表 3-2、图 3-4。

表 3-2 汽车产品伤害类别与结构比例

类别	伤害人次	结构比例/%
轿车	39 989	85.95
车载零部件及附件	2 240	4.81
载货汽车	1 992	4.28
小型客车	1 306	2.81
大中型客车	985	2.12
汽车挂车	12	0.03
合计	46 524	100.00

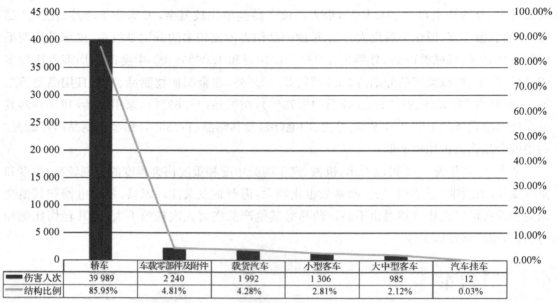

图3-4 汽车产品伤害相关小类分布

2014—2022年度江苏省汽车造成的产品伤害46 524人次,排名前三位的类别分别为:① 轿车,39 989人次,占85.95%。② 车载零部件及附件,2 240人次,占4.81%。③ 载货汽车,1 992人次,占4.28%。

3.2.2 伤害特征分析

1. 伤害发生原因

2014—2022年度江苏省排名前三位的汽车类产品伤害发生原因分别为:① 机动车车祸,43 424人次,占93.34%。② 钝器伤和跌倒/坠落,分别是1 312人次(占2.82%),1 022人次(占2.20%)。

具体产品伤害发生原因分布如表3-3、图3-5所示。

表3-3 汽车产品伤害发生原因与构成比例

类别	伤害人次	结构比例/%
机动车车祸	43 424	93.34
钝器伤	1 312	2.82
跌倒/坠落	1 022	2.20
非机动车车祸	515	1.11
刀/锐器伤	134	0.29
其他	117	0.25
合计	46 524	100

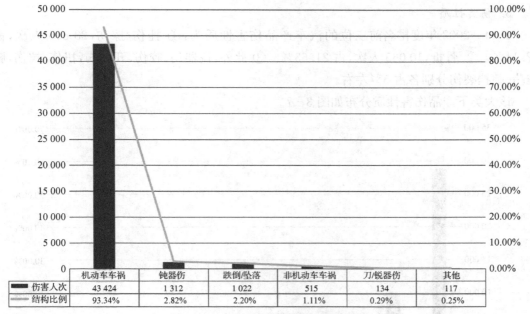

图 3-5　汽车产品伤害发生原因分布

2. 伤害部位

2014—2022 年度排名前三的汽车类伤害部位分别为：① 多部位，12 658 人次，占 27.21%。② 下肢，12 490 人次，占 26.85%。③ 头部，8 339 人次，占 17.92%。

具体产品伤害部位如图 3-6 所示。

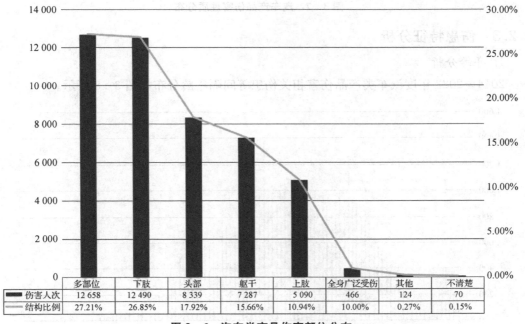

图 3-6　汽车类产品伤害部位分布

3. 伤害性质

2014—2022年度排名前三位的汽车产品伤害性质为：① 挫伤/擦伤，28 895人次，占62.11%。② 骨折，10 065人次，占21.63%。③ 此外，锐器伤、咬伤、开放伤，扭伤/拉伤，脑震荡、脑挫裂伤分别各占5%左右。

该大类下产品伤害性质分布如图3-7。

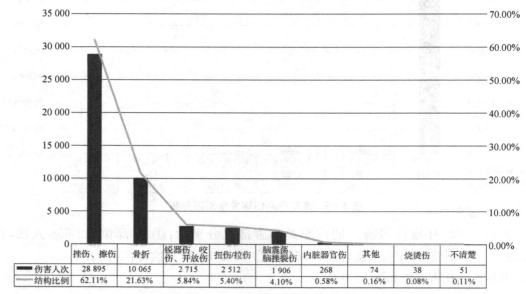

图3-7 汽车产品伤害性质分布

3.2.3 伤患特征分析

1. 年龄分析

2014—2022年度汽车类产品伤害相关伤患等间隔年龄分布如图3-8所示。

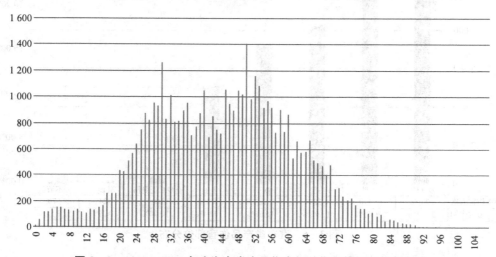

图3-8 2014—2022年度汽车类产品伤害相关伤患等间隔年龄分布

数据显示,最大年龄 100 岁,平均年龄 43.88 岁,标准差 17.11 岁。图 3-8 分布左偏,显示年轻人更容易受到伤害。图中有两个峰值,众数分别是 30 岁和 50 岁,伤害人数分别是 1 267、1 408 人次,中位数为 45 岁。2014—2022 年度汽车类产品伤害相关伤患参照《伤害检测指南》分类,其年龄分布如图 3-9 所示。

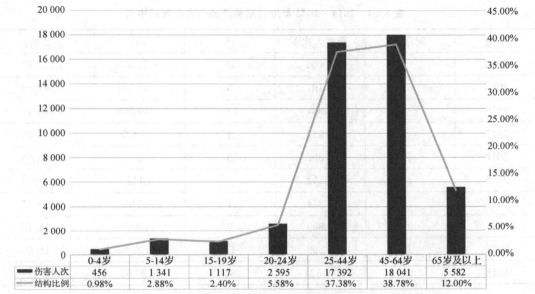

图 3-9　2014—2022 年汽车类产品伤害相关伤患特殊间隔年龄分布

2014—2022 年度汽车类产品伤害排名前三位的伤患年龄组为:① 45~64 岁,18 041 人次,占比 38.78%。② 25~44 岁,17 392 人次,占比 37.38%。③ 65 岁及以上,5 582 人次,占比 12.00%。2014—2022 年度汽车类产品伤害 20 岁及以上伤患累计占比 93.74%,是主要受伤害人群。

2. 性别分析

2014—2022 年度汽车类产品伤害相关伤患性别分布如图 3-10 所示,其中:

(1) 男性,26 366 人次,占比 56.67%。

(2) 女性,20 158 人次,占比 43.33%。

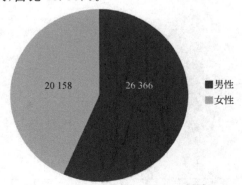

图 3-10　汽车类产品伤害相关伤患性别分布

3.2.4 伤害环境分析

1. 伤害发生时间分析

收集各年份的汽车类产品伤害数据,如表3-4、图3-11所示。

表3-4 2014—2022年度汽车类产品伤害年时间序列

年份	时序 t	伤害人次 Y	t^2	tY	趋势值 $\hat{Y}$
2014	−4	5 460	16	−21 840	5 326.87
2015	−3	5 197	9	−15 591	5 287.48
2016	−2	5 334	4	−10 668	5 248.10
2017	−1	5 437	1	−5 437	5 208.72
2018	0	5 302	0	0	5 169.33
2019	1	4 112	1	4 112	5 129.95
2020	2	5 384	4	10 768	5 090.57
2021	3	4 899	9	14 697	5 051.18
2022	4	5 399	16	21 596	5 011.80
合计	0	46 524	60	−2 363	46 524.00

图3-11显示汽车类产品伤害人次呈缓慢的线性减少趋势,由表3-4,拟合线性趋势线模型:

$$\hat{Y}=a+bt=5\ 169.33-39.38t \tag{3.1}$$

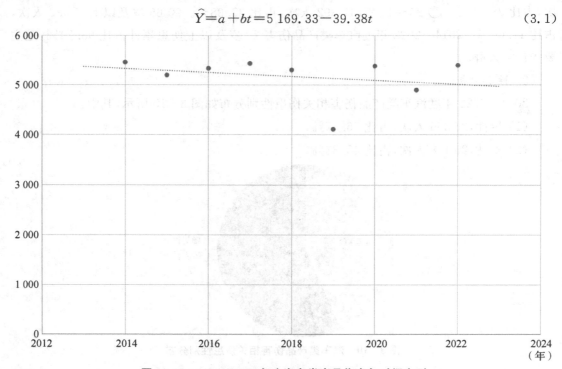

图3-11 2014—2022年度汽车类产品伤害年时间序列

由此可以确定各年份的汽车类产品伤害数据趋势值(表3-4的最后列),并可以对2023、2024年伤害人次进行估计,分别为4 972、4 933人次,95%的伤害人次置信区间分别是[4 096,5 848]和[4 057,5 809]。由此可以预测江苏省汽车类产品年伤害人次,作为配置医疗资源的依据。

以月为单位,对2014—2022年度汽车类产品伤害进行统计,2014—2022年度汽车类产品伤害发生时间(月)的分布如表3-5、图3-12、图3-13所示。

表3-5　2014—2022年度汽车类产品伤害发生时间(月)的分布　　　　　单位:人次

	2014	2015	2016	2017	2018	2019	2020	2021	2022	合计
1月	424	567	294	381	461	418	344	399	500	3 788
2月	377	345	233	433	304	234	106	261	353	2 646
3月	536	320	400	567	404	348	350	381	402	3 708
4月	479	465	381	534	375	305	557	391	258	3 745
5月	520	407	439	413	415	310	514	398	369	3 785
6月	447	395	379	245	485	242	461	387	544	3 585
7月	434	463	491	778	437	351	583	334	534	4 405
8月	358	493	731	462	485	305	511	332	463	4 140
9月	409	489	547	356	470	348	310	367	461	3 757
10月	477	507	456	319	461	439	650	485	562	4 356
11月	480	400	597	441	500	426	551	549	552	4 496
12月	519	346	386	508	505	389	444	619	397	4 113
合计	5 460	5 197	5 334	5 437	5 302	4 112	5 384	4 899	5 399	46 524

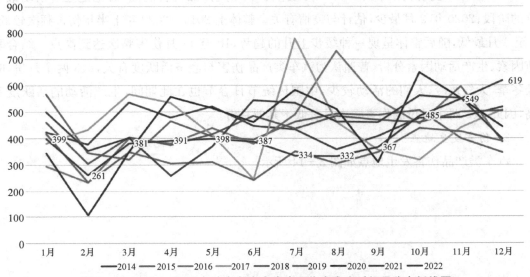

图3-12　2014—2022年度各年汽车类产品伤害发生时间月分布折线图

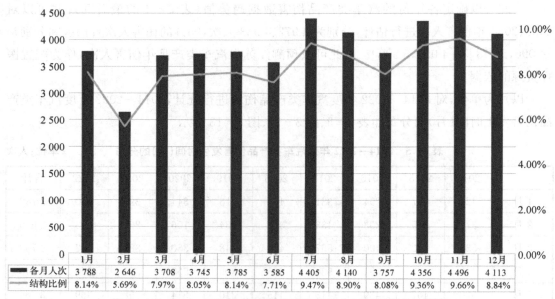

图 3-13 2014—2022 年汽车类产品伤害发生时间月分布柱形图

表 3-5、图 3-12、图 3-13 的数据说明,2014—2022 年度排名前三位的汽车类产品伤害发生月份为:① 11 月,4 496 人次,占 9.66%;② 7 月,4 405 人次,占 9.47%;③ 10 月,4 356 人次,占 9.36%。而发生伤害比较少的月份为:① 3 月,3 708 人次,占 7.97%;② 6 月,3 585 人次,占 7.71%;③ 2 月,2 646 人次,占 5.69%。

从图 3-12 和图 3-13 对比可以看出,2014—2022 年各年的汽车类产品伤害发生时间分布与整体趋势是基本一致的。仔细观察比对两张图可以发现,2014—2022 年整体各个相邻月份的汽车类产品伤害发生频率基本呈现均匀分布,而各年出现了比较大的波动,其中 2017 年与 2020 变动较大。2017 年 7 月发生了汽车类产品伤害的高峰,也是经济活动最活跃的阶段;2020 年 2 月最少,估计与疫情有关。整体上 2014—2022 年上半年伤害频次较低,2 至 3 月最低,随后整体呈现一种缓步上升的趋势,10 至 11 月伤害频次达到高点。结合季节因素、生产活动因素分析,普遍认为汽车类产品伤害与经济活跃度有关,2、3 两个月份,时处冬季,天气寒冷,人们的活动较少,中国传统节日春节也在此期间,生产活动的活跃度不高,因此 2、3 两个月份的伤害频次显著低于其他月份。

2. 伤害发生地点

汽车类产品伤害发生地点如图 3-14 所示。

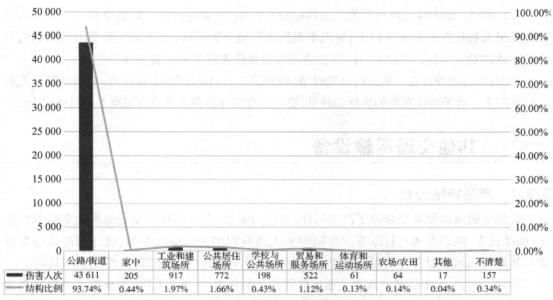

图 3-14 汽车类产品伤害发生地点分布

2014—2022 年度排名前几位的汽车类产品伤害发生地点为：① 公路/街道，43 611 人次，占 93.74%，占了比较高的比例；② 其次分别是工业和建筑场所、公共居住场所和贸易和服务场所，分别是 917 人次，772 人次和 522 人次，分别占 1.97%、1.66%、1.12%。

3.2.5 主要结论与消费提示

（1）2014—2022 年，汽车类产品伤害发生频率位列前三的小类为轿车、车载零部件及附件和载货汽车；其中轿车产品伤害占 85.95%，车载零部件及附件伤害占 4.81%，载货汽车伤害占 4.28%；最主要的伤害发生原因为机动车车祸、钝器伤、跌倒/坠落，其中机动车车祸最多，占 93.34%，而轿车、小型客车和货车是导致机动车车祸最多的三个子类。

消费提示：消费者在驾驶或乘坐汽车过程中，特别是驾驶或乘坐轿车和小型客车过程中，应当注意行车安全。驾驶员在驾驶过程中应系好安全带，并杜绝酒后驾驶、疲劳驾驶、超速驾驶、无证驾驶、闯红灯等行为。在雨雪天气行车时，应特别注意路面情况，控制车速。乘坐者应系好安全带，儿童乘坐时应在车内加装儿童安全座椅。

（2）2014—2022 年，排名前两位的汽车产品伤害部位为多部位、下肢，各占 27.21% 和 26.85%；排名第三、第四的是头部与躯干，分别占 17.92%、15.66%。排名在前的汽车产品伤害性质，挫伤/擦伤占 62.11%，骨折占 21.63%；其次是锐器伤、咬伤、开放伤、扭伤/拉伤、脑震荡、脑挫裂伤，各占 5% 左右。

消费提示：消费者在驾驶或乘坐轿车过程中，为预防产品伤害，驾驶者和乘坐者均应系好安全带，行车时保持高度警惕，严格遵守交通法规，不与非机动车抢占车道行驶。当发生产品伤害事件时，应及时到医院就诊。消费者在驾驶或乘坐客车时，为预防产品伤害，驾驶员和乘客均应系好安全带，乘客行李要规范存放，并禁止超员或超载行车。此外，可在客车上配备应急医疗用品以防万一，情况严重时应及时到就近医院就诊。

（3）2014—2022年，对汽车类伤患特征分析得知，主要的伤患年龄集中在20~50岁，且男性伤患人数比例占据五成以上；对汽车类伤害环境分析可知，伤害发生频率由高到低的月份排序依次是11月、7月和10月，且公路和街道是伤害发生的主要场所。

消费提示：消费者在一些出行高峰时节，特别是7月、10月和11月左右，应当特别注意外出行车安全。对于经常在外的男性驾驶员，更应当特别注意在公共交通道路上的行驶安全。

3.3 其他交通运输设备

3.3.1 产品特征分析

其他交通运输设备是指除了汽车以外，由动力装置、人力或畜力驱动的机动车与非机动车，如摩托车、电动车和自行车等。参照中华人民共和国统计局发布的《统计用产品分类目录》，其他交通运输设备分为以下四类：电动车，自行车，助力车及零部件，摩托车和其他。

2014—2022年度监测到其他交通运输设备产品伤害93 301人次，在全部大类中排名第一。占28.52%。排名前三位的其他交通运输设备产品小类为：① 助力车及零部件，54 223人次，占58.12%；② 电动车，22 792人次，占24.43%；③ 自行车，10 729人次，占11.50%。其他交通运输设备产品伤害相关产品小类分布如图3-15所示。

3.3.2 伤害特征分析

1. 伤害发生原因

2014—2022年度排名前三位的其他交通运输设备产品伤害发生原因为：① 非机动车车祸，74 504人次，占79.85%；② 机动车车祸，8 725人次，占9.35%；③ 跌倒/坠落，8 652人次，占9.27%。

其他交通运输设备产品伤害发生原因分布如图3-16所示。

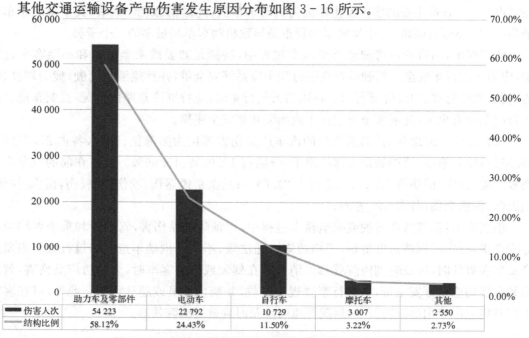

图3-15 其他交通运输设备产品伤害相关产品小类分布

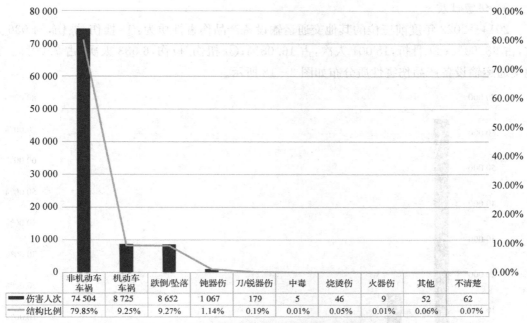

图 3-16 其他交通运输设备产品伤害发生原因分布

2. 伤害部位

2014—2022 年度排名靠前的其他交通运输设备产品伤害部位为：① 下肢，29 119 人次，占 31.21%；② 多部位，24 271 人次，占 26.01%；③ 头部、上肢、躯干受伤害的频次比较接近，分别占 15.54%、15.29%、11.07%。其他交通运输设备产品伤害部位分布如图 3-17 所示。

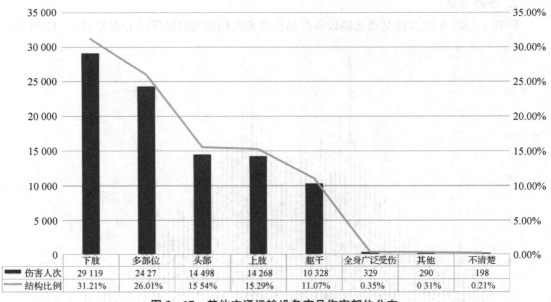

图 3-17 其他交通运输设备产品伤害部位分布

3. 伤害性质

2014—2022年度前三位的其他交通运输设备产品伤害性质为：① 挫伤、擦伤，64 036人次，占68.63%；② 骨折，15 001人次，占16.08%；③ 扭伤/拉伤，6 533人次，占7.00%。其他交通运输设备产品伤害性质分布如图3-18所示。

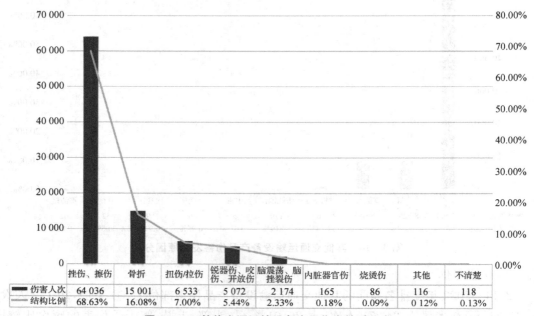

图3-18 其他交通运输设备产品伤害性质分布

3.3.3 伤患特征分析

1. 年龄分析

2014—2022年度其他交通运输设备产品伤害相关伤患等间隔年龄分布如图3-19所示。

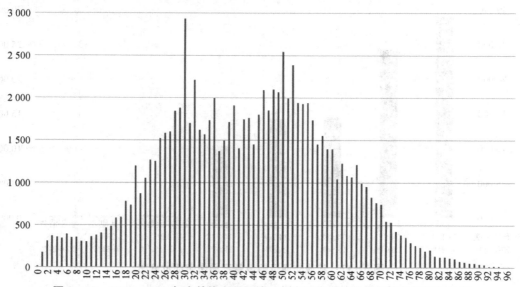

图3-19 2014—2022年度其他交通运输设备产品伤害相关伤患等间隔年龄分布

数据显示,最大年龄 102 岁,平均年龄 42.66 岁,标准差 17.50 岁。图 3-19 显示整体左偏,至少有两个同类型总体,有两个峰值,众数分别是 30 岁和 50 岁,伤害人次分别是 2 934、2 545 人次,中位数为 43 岁。2014—2022 年度其他交通运输设备类产品伤害相关伤患参照《伤害检测指南》分类,其年龄分布如图 3-20 所示。

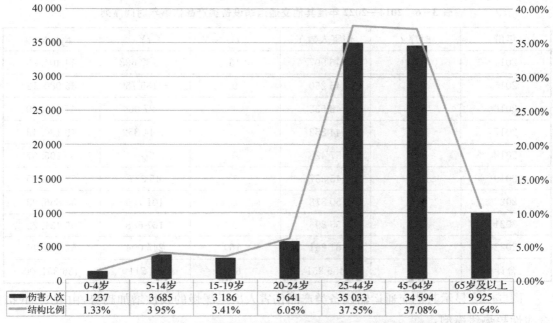

图 3-20 2014—2022 年其他交通运输设备类产品伤害相关伤患特殊间隔年龄分布

2014—2022 年度其他交通运输设备类产品伤害排名前三位的伤患年龄组为:① 25～44 岁,35 033 人次,占 37.55%;② 45～64 岁,34 594 人次,占 37.08%;③ 65 岁及以上,9 925 人次,占 10.64%。20 岁及以上伤患累计占比 91.31%,是主要受伤害人群。

2. 性别分析

2014—2022 年度其他交通运输设备类产品伤害相关伤患性别分布如图 3-21 所示,其中:① 男性,53 182 人次,占 57%;② 女性,40 119 人次,占 43%。

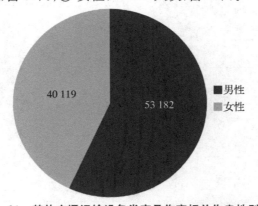

图 3-21 其他交通运输设备类产品伤害相关伤患性别分布

3.3.4 伤害环境分析

1. 伤害发生时间分析

收集各年份的其他交通运输设备类产品伤害数据,如表3-6、图3-22所示。

表3-6 2014—2022年度其他交通运输设备类产品伤害年时间序列

年份	时序 t	伤害人数 Y	t^2	tY	趋势值 $\hat{Y}$
2014	−4	46 907	16	−187 628	44 404.93
2015	−3	45 250	9	−135 750	45 980.12
2016	−2	48 532	4	−97 064	47 555.30
2017	−1	44 852	1	−44 852	49 130.48
2018	0	57 428	0	0	50 705.67
2019	1	45 357	1	45 357	52 280.85
2020	2	50 878	4	101 756	53 856.03
2021	3	55 896	9	167 688	55 431.22
2022	4	61 251	16	245 004	57 006.40
合计	0	456 351	60	94 511	456 351.00

图3-22显示其他交通运输设备类产品伤害人次呈缓慢的线性增加趋势,由表3-6拟合线性趋势线模型:

$$\hat{Y}=a+bt=50\,705.67+1\,575.18t \tag{3.2}$$

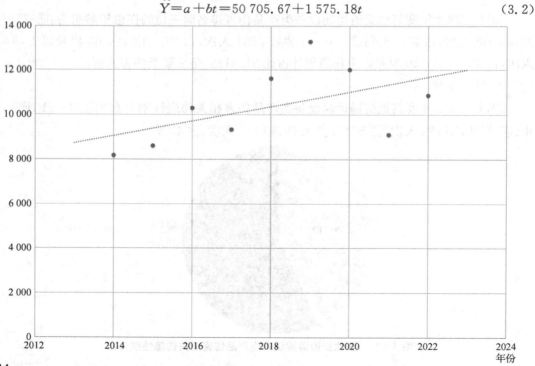

图3-22 2014—2022年度其他交通运输设备类产品伤害年时间序列

由此可以确定各年份的其他交通运输设备类产品伤害数据趋势值(在表3-6的最后列),并可以对2023、2024年伤害人次进行估计,分别为58 582、60 157人次,95%的伤害人次置信区间分别是[49 621,67 542]和[51 197,69 117]。由此可以预测江苏省其他交通运输设备类产品年伤害人次。

以月为单位,对2014—2022年度其他交通运输设备类产品伤害进行统计,2014—2022年度其他交通运输设备类产品伤害发生时间(月)的分布如表3-7、图3-23、图3-24所示。

表3-7 2014—2022年度其他交通运输设备类产品伤害发生时间(月)的分布 单位:人次

	2014	2015	2016	2017	2018	2019	2020	2021	2022	合计
1月	424	567	294	381	461	418	344	399	500	36 170
2月	377	345	233	433	304	234	106	261	353	24 035
3月	536	320	400	567	404	348	350	381	402	36 240
4月	479	465	381	534	375	305	557	391	258	39 197
5月	520	407	439	413	415	310	514	398	369	42 646
6月	447	395	379	245	485	242	461	387	544	41 746
7月	434	463	491	778	437	351	583	334	534	41 389
8月	358	493	731	462	485	305	511	332	463	40 496
9月	409	489	547	356	470	348	310	367	461	39 583
10月	477	507	456	319	461	439	650	485	562	40 760
11月	480	400	597	441	500	426	551	549	552	38 132
12月	519	346	386	508	505	389	444	619	397	35 957
合计	46 907	45 250	48 532	44 852	57 428	45 357	50 878	55 896	61 251	456 351

图3-23显示2014—2022年各月其他交通运输设备类产品伤害人次时间趋势图,数轴分别是以月为单位的时序与伤害人次。从图3-23的趋势图可以看出,2014—2022年各年的其他交通运输设备类产品伤害人次基本平稳,有缓慢上升的趋势;同时有明显的周期性变化,即以年为单位的季节性变化,2014—2022年的前6年的季节性变化更加明显,2020—2022年的周期性紊乱可能与疫情导致经济活动放缓或停滞有关。为了看得更加清楚,将各年同月的数据进行比较,形成了图3-24。

表3-7、图3-23、图3-24、图3-25的数据说明,2014—2022年度排名前三位的其他交通运输设备类产品伤害发生月份为:①7月,9 174人次,占9.83%;②8月,8 879人次,占9.52%;③10月,8 823人次,占9.46%。而发生伤害比较少的月份为:①3月,7 058人次,占7.56%;②1月,6 561人次,占7.03%;③2月,4 313人次,占4.62%。

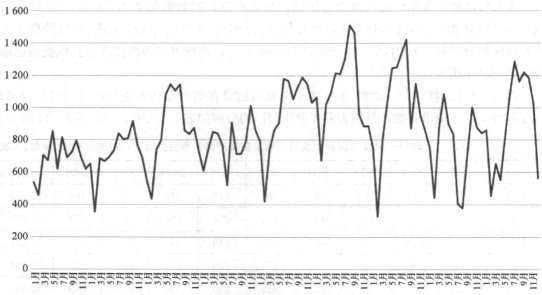

图3-23 2014—2022年度其他交通运输设备类产品伤害人次月趋势图

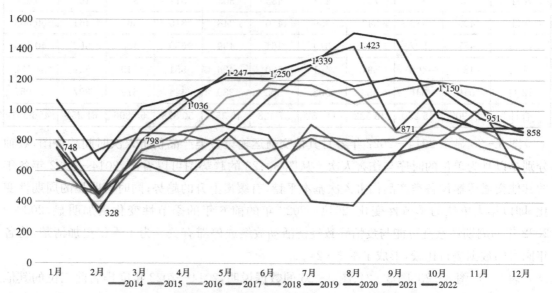

图3-24 2014—2022年度各年其他交通运输设备类产品伤害发生时间月分布折线图

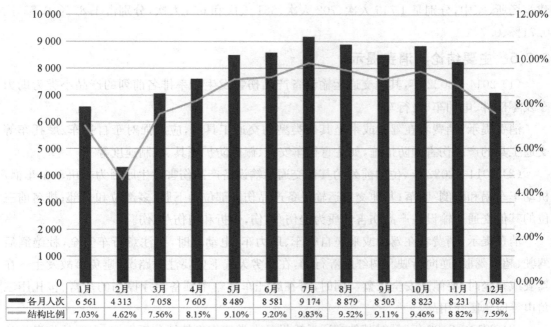

图 3-25 2014—2022 年度其他交通运输设备类产品伤害发生时间月分布柱状图

2. 伤害发生地点

汽车类产品伤害发生地点如图 3-26 所示。

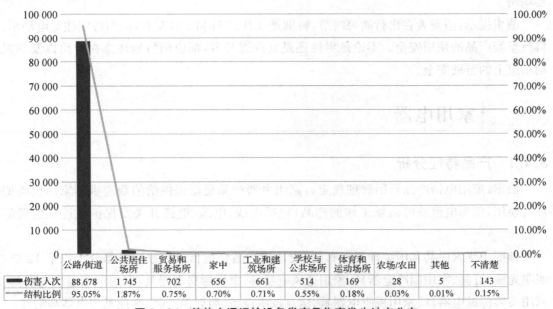

图 3-26 其他交通运输设备类产品伤害发生地点分布

2014—2022 年度排名前几位的汽车类产品伤害发生地点为：① 公路/街道,88 678 人次,占 95.05%,占了比较高的比例;② 其次分别是公共居住场所、贸易和服务场所、工业和建筑场所、家中,分别是1 745人次、702人次、661人次和656人次,分别占1.87%、0.75%、0.71%、0.7%。

3.3.5 主要结论与消费提示

(1) 2014—2022年,其他交通运输设备产品伤害发生频率排名前列的产品小类为助力车及零部件、电动车、自行车。

消费提示:消费者在驾驶或乘坐其他类型的交通工具时,应加强对于自行车、摩托车等交通工具的产品伤害预防措施,如注意行车安全、佩戴防护用具、控制速度等。

(2) 2014—2022年,位列前列的其他交通运输设备产品伤害发生原因为非机动车车祸,机动车车祸和跌倒/坠落;其他交通运输设备产品伤害部位为下肢、多部位和头部;排名前三位的其他交通运输设备产品伤害性质为挫伤/擦伤,骨折和扭伤/拉伤。

消费提示:消费者在驾驶或乘坐自行车、助力车、电动车时,要注意行车安全,杜绝酒后驾驶、超速驾驶、逆向行驶和闯红灯等行为,在恶劣天气下更要注意路况,避免事故发生。在驾驶或乘坐时,要佩戴安全头盔。同时,可在摩托车尾箱中预备治疗擦伤的药膏、包扎用三角巾等应急医疗用品。

(3) 2014—2022年,针对其他交通运输设备大类的伤患特征分析得知,主要的伤患年龄集中在30～60岁,且男性伤患人数比例占据五成以上;对伤害环境的数据进行分析得出,伤害发生频率由高到低的月份排序依次是3月、7月和1月,且公路和街道是伤害发生的最主要场所。

消费提示:消费者在出行高峰时节,特别是3月、7月和1月左右,应当特别注意电动车、自行车类产品的使用安全。不论是男性还是女性驾驶者,都应当特别注意在公路以及非机动车道上的行驶安全。

3.4 家用电器

3.4.1 产品特征分析

根据《家用电器产品召回管理规定》,家用电器产品是指提供给消费者供其家用或类似环境使用,依靠电流或电磁场工作的产品,包括电线、电缆、电路开关及保护或连接装置等产品。

参照中华人民共和国统计局发布的《统计用产品分类目录》,家用电器分为以下12类:照明光源、灯具、家用制冷电器具、家用通风电器具、家用厨房电器具、家用清洁卫生电器具、家用美容保健电器具、家用视听电器具、信息技术设备、照射像产品、其他家用电器与附件。

2014—2022年度监测到家用电器产品伤害3 409人次,相关产品小类分布如图3-27所示。产品伤害排名前三位的家用电器产品小类为:① 其他家用电器与附件,1 647人次,占48.31%;② 家用厨房电器具,813人次,占23.85%;③ 家用制冷电器具,594人次,占17.42%。

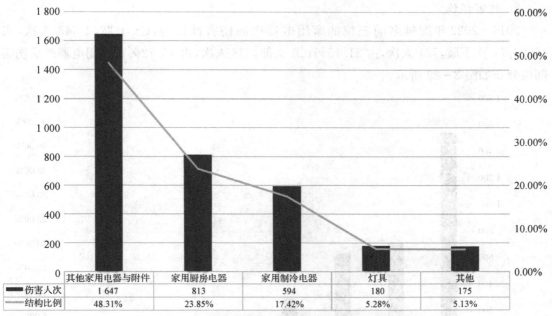

图3-27 家用电器产品伤害相关产品小类分布

3.4.2 伤害特征分析

1. 伤害发生原因

2014—2022年度排名前三位的家用电器产品伤害发生原因为：① 烧烫伤，1 132人次，占33.21%；② 钝器伤，919人次，占26.96%；③ 跌倒/坠落，778人次，占22.82%。家用电器产品伤害发生原因分布如图3-28所示。

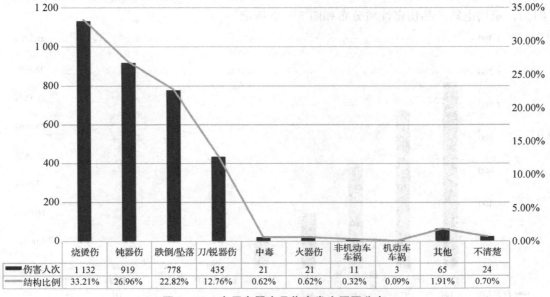

图3-28 家用电器产品伤害发生原因分布

2. 伤害部位

2014—2022年度排名前三位的家用电器产品伤害部位为：① 上肢，1 543人次，占45.26%；② 下肢，721人次，占21.15%；③ 头部，638人次，占18.72%。家用电器产品伤害部位分布如图3-29所示。

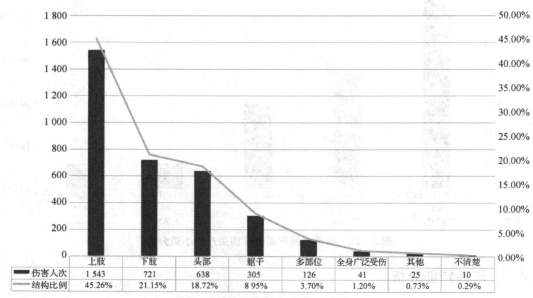

图3-29　家用电器产品伤害部位分布

3. 伤害性质

2014—2022年度排名前三位的家用电器产品伤害性质为：① 烧烫伤，1 144人次，占33.56%；② 挫伤、擦伤，972人次，占28.51%；③ 锐器伤、咬伤、开放伤，648人次，占19.01%。家用电器产品伤害性质分布如图3-30所示。

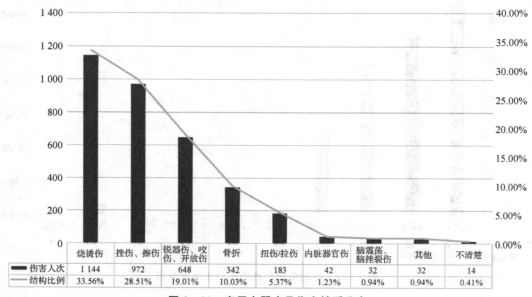

图3-30　家用电器产品伤害性质分布

3.4.3 伤患特征分析

1. 年龄分析

2014—2022 年度家用电器产品伤害相关伤患等间隔年龄分布如图 3-31 所示。

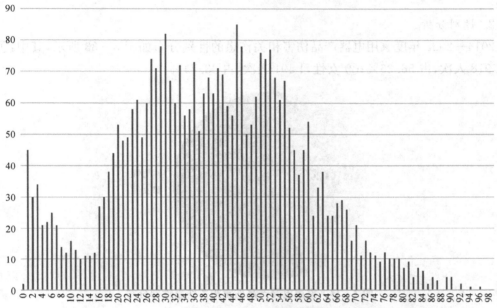

图 3-31 2014—2022 年度家用电器产品伤害相关伤患等间隔年龄分布

数据显示，最大年龄 96 岁，平均年龄 38.55 岁，标准差 18.03 岁。图 3-31 显示整体基本对称，但两边分布不同，左侧有一个幼儿伤患群体，峰值是 1 岁，伤害人次是 45 人次。中间有两个伤患群体，有两个峰值，众数分别是 30 岁和 45 岁，伤害人次分别是 82、85 人次，中位数为 39 岁。2014—2022 年度家用电器类产品伤害相关伤患参照《伤害检测指南》分类，其年龄分布如图 3-32 所示。

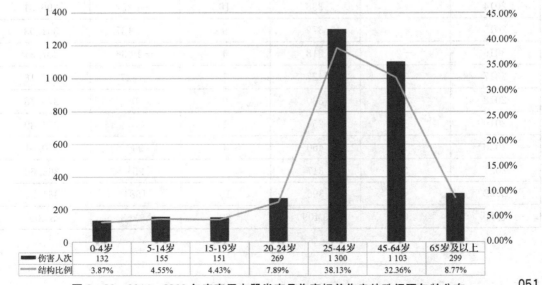

图 3-32 2014—2022 年度家用电器类产品伤害相关伤患特殊间隔年龄分布

2014—2022年度家用电器产品伤害排名靠前的伤患年龄组是：① 25~44岁，1300人次，占38.13%；② 45~64岁，1103人次，占32.36%；③ 65岁及以上，299人次，占8.77%。20岁以上伤患累计占比87.15%，是主要受伤害人群，但也存在一个需要注意的幼儿伤患群体。

2. 性别分析

2014—2022年度家用电器产品伤害相关伤患的性别分布如图3-33所示，其中：① 男性，1918人次，占56.26%；② 女性，1491人次，占43.74%。

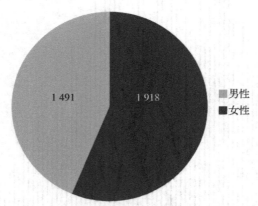

图3-33 家用电器产品伤害相关伤患性别分布

3.4.4 伤害环境分析

1. 伤害发生时间分析

收集各年份的家用电器类产品伤害数据，如表3-8、图3-34所示。

表3-8 2014—2022年家用电器类产品伤害年时间序列

年份	时序 t	伤害人数 Y	t^2	tY	趋势值 $\hat{Y}$
2014	−4	338	16	−1352	396.31
2015	−3	379	9	−1137	391.93
2016	−2	518	4	−1036	387.54
2017	−1	427	1	−427	383.16
2018	0	330	0	0	378.78
2019	1	254	1	254	374.39
2020	2	450	4	900	370.01
2021	3	317	9	951	365.63
2022	4	396	16	1584	361.24
合计	0	3409	60	−263	3409

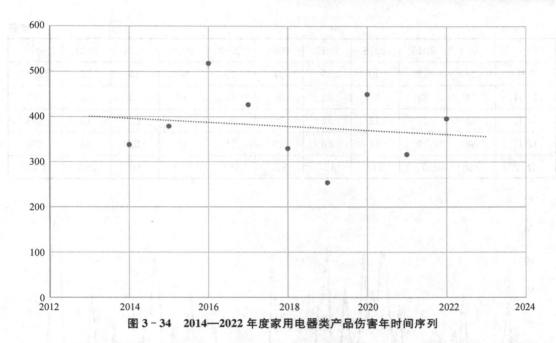

图3-34 2014—2022年度家用电器类产品伤害年时间序列

图3-34显示家用电器类产品伤害人次呈缓慢的线性减少趋势,由表3-8拟合线性趋势线模型:

$$\hat{Y}=a+bt=378.78-4.38t \qquad (3.3)$$

由此可以确定各年份的家用电器类产品伤害数据趋势值(在表3-8的最后列),并可以对2023、2024年伤害人次进行估计,分别为357、352人次,95%的伤害人次置信区间分别是[192,521]和[188,517]。由此可以预测江苏省家用电器类产品年伤害人次,作为医疗资源配置决策的依据。

以月为单位,对2014—2022年度家用电器类产品伤害进行统计,2014—2022年度家用电器类产品伤害发生时间(月)的分布如表3-9、图3-35、图3-36所示。

表3-9 2014—2022年度家用电器产品伤害发生时间(月)的分布　　　　单位:人次

	2014	2015	2016	2017	2018	2019	2020	2021	2022	合计
1月	23	49	24	30	18	33	55	18	26	276
2月	24	27	27	35	10	8	27	22	17	197
3月	46	37	45	51	23	19	28	33	15	297
4月	35	30	32	29	21	17	30	30	16	240
5月	29	20	38	28	31	30	38	24	33	271
6月	21	34	59	32	34	17	28	39	69	333
7月	31	37	63	64	62	23	24	12	73	389
8月	13	35	44	47	19	44	51	12	54	319

续表

	2014	2015	2016	2017	2018	2019	2020	2021	2022	合计
9月	29	22	50	45	27	20	60	19	22	294
10月	24	32	40	22	30	16	42	34	32	272
11月	31	27	62	18	29	6	43	52	15	283
12月	32	29	34	26	26	21	24	22	24	238
合计	338	379	518	427	330	254	450	317	396	3 409

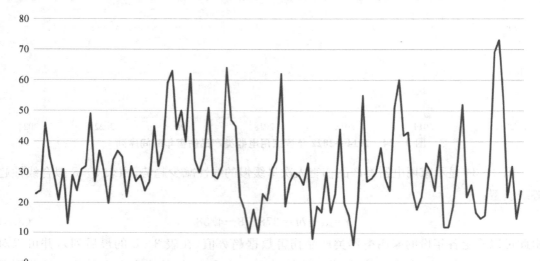

图3-35　2014—2022年度各年家用电器类产品伤害发生时间趋势图

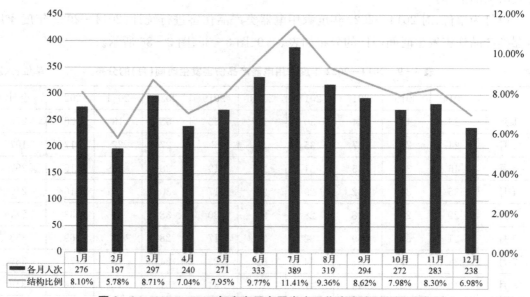

图3-36　2014—2022年度家用电器类产品伤害发生时间月分布

图 3-35 显示 2014—2022 年度各月家用电器类产品伤害人次时间趋势图,可以看出,2014—2022 年度各年的家用电器类产品伤害人次基本平稳,有缓慢下降的趋势;同时有明显的周期性变化,即以年为单位的季节性变化,年中伤害人次较多,年初、年终放缓或停滞。为了看得更加清楚,将各年同月的数据进行比较,形成了图 3-36。

从图 3-36 的折线图可以看出,2014—2022 年度各年的家用电器类产品伤害发生时间分布与整体趋势基本一致。年初 2 至 4 月伤害频次较低,随后缓步上升,年中 6 至 8 月伤害频次达到高点后缓慢下降。2014—2022 年度排名前三位的家用电器类产品伤害发生月份为:① 6 月,333 人次,占 9.77%;② 7 月,389 人次,占 11.41%;③ 8 月,319 人次,占 9.36%。而发生伤害比较少的月份为:① 2 月,197 人次,占 5.78%;② 12 月,238 人次,占 6.98%;③ 4 月,240 人次,占 7.04%。

2. 伤害发生地点

2014—2022 年度排名前三位的家用电器产品伤害发生地点是:① 家中,2 058 人次,占 60.37%;② 贸易和服务场所,383 人次,占 11.23%;③ 工业和建筑场所,339 人次,占 9.94%。家用电器产品伤害发生地点分布如图 3-37 所示。

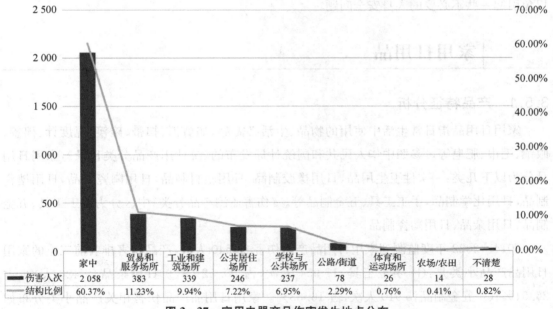

图 3-37 家用电器产品伤害发生地点分布

3.4.5 主要结论与消费提示

(1) 2014—2022 年度,家用电器产品伤害排名靠前的产品小类为其他家用电器和附件、家用厨房电器具、家用制冷电器具;排名前三位的产品伤害发生地点为家中、贸易和服务场所、工业和建筑场所,其中 60.37% 的伤害发生于家中。

消费提示：消费者在家中使用家用电器时，应加强对于家用厨房电器具、家用制冷电器具和其他家用电器及附件产品伤害的预防措施，如安装防护装置或使用时佩戴防护用具等。

(2) 2014—2022年度，位列前几位的家用厨房电器具产品伤害发生原因主要是烧烫伤、钝器伤、跌倒/坠落；排名前三位的家用厨房电器具产品伤害部位是上肢、下肢和头部；排名前三位的家用厨房电器具产品伤害性质是烧烫伤、挫伤/擦伤、锐器伤/开放伤。

消费提示：消费者在使用厨房电器具时，要特别注意可能造成烧烫伤、跌倒坠落、刀和锐器伤的产品，如电水壶、电磁炉、电饭煲、抽油烟机等。做好产品伤害预防措施，如在更换煤气时要佩戴手套，在安装抽油烟机时选择合理的位置，避免接触正在工作的电热水壶等。如发生产品伤害，应及时处理伤情，情况严重时应立即就诊。

(3) 2014—2022年度，家用电器产品伤害大类的伤患有87.15%集中在20岁及以上，女性伤者比例占据五成左右，幼儿也是主要的受害人群。分析伤害环境得知，伤害发生最多的3个月是6~8月，且有六成以上的事故是发生在家中。

消费提示：发生在日常家庭生活中的家用电器伤害事故应当特别引起人们的关注，特别是家庭主妇与幼儿人群，在使用家用电器时应尤为注意电器的规范操作、保养、报修等问题，以免引起一些不必要的人身安全问题。

3.5 家用日用品

3.5.1 产品特征分析

家用日用品指日常生活中使用的物品、生活必需品，如剪刀、扫帚、碗筷、温度计、棉签、眼镜、毛巾、肥皂等。参照中华人民共和国统计局发布的《统计用产品分类目录》，家用日用品分为以下几类：一次性卫生用品，日用橡胶制品，日用塑料制品，日用陶瓷制品，日用搪瓷制品，日用化学制品，手工工具、五金制品等。《伤害监测产品分类》中区分为手工工具、五金制品、日用杂品、日用陶瓷制品。

2014—2022年度监测到家用日用品产品伤害35 540人次，产品伤害排名前三位的家用日用品产品小类是：① 手工工具，17 954人次，占50.52%；② 日用杂品，9 420人次，占26.51%；③ 五金制品，5 910人次，占16.63%。家用日用品产品伤害相关产品小类分布如图3-38所示。

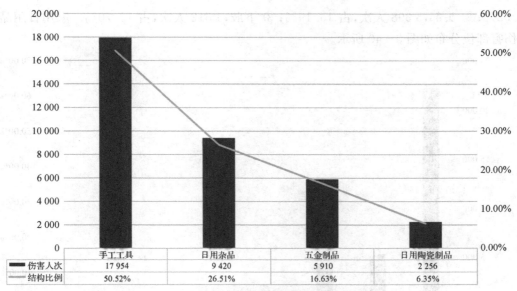

图 3-38 家用日用品产品伤害相关产品小类分布

3.5.2 伤害特征分析

1. 伤害发生原因

2014—2022 年度排名前三位的家用日用品产品伤害发生原因如图 3-39 所示,其中:① 刀/锐器伤,20 348 人次,占 57.25%;② 钝器伤,10 105 人次,占 28.43%;③ 跌倒/坠落,3 173 人次,占 8.93%。

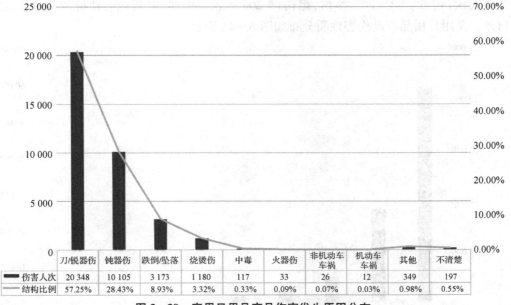

图 3-39 家用日用品产品伤害发生原因分布

2. 伤害部位

2014—2022 年度排名前三位的家用日用品产品伤害部位是:① 上肢,22 221 人次,占

62.52%；② 头部，5 398 人次，占 15.19%；③ 下肢，4 512 人次，占 12.70%。家用日用品产品伤害部位分布如图 3-40 所示。

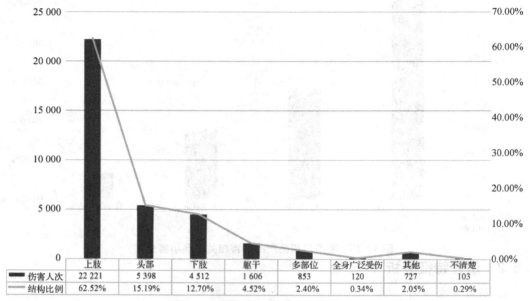

图 3-40　家用日用品产品伤害部位分布

3. 伤害性质

2014—2022 年度排名前三位的家用日用品产品伤害性质是：① 锐器伤、咬伤、开放伤，21 283 人次，占 59.88%；② 挫伤、擦伤，9 209 人次，占 25.91%；③ 骨折，2 536 人次，占 7.14%。家用日用品产品伤害性质分布如图 3-41 所示。

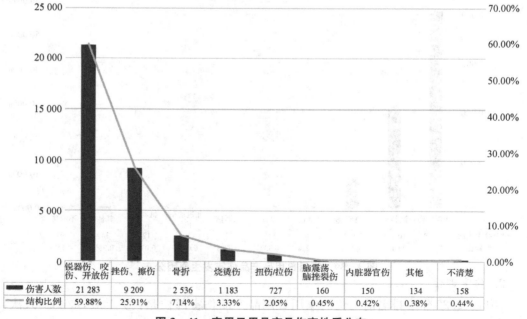

图 3-41　家用日用品产品伤害性质分布

3.5.3 伤患特征分析

1. 年龄分析

2014—2022年度家用日用品伤害相关伤患等间隔年龄分布如图3-42所示。

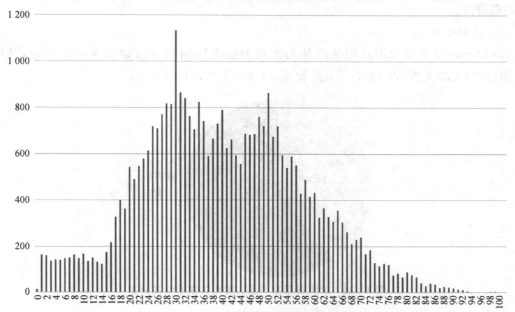

图3-42 2014—2022年度家用日用品伤害相关伤患等间隔年龄分布

数据显示,最大年龄99岁,平均年龄40.09岁,标准差17.15岁。图3-42显示整体基本对称,但两边分布不同,左侧有一个幼儿伤患群体,是0~15岁左右的均匀分布。中间有两个伤患群体,有两个峰值,众数分别是30岁和50岁,伤害人次分别是1134、864人次,中位数为39岁。2014—2022年度家用日用品伤害相关伤患参照《伤害检测指南》分类,其年龄分布如图3-43所示。

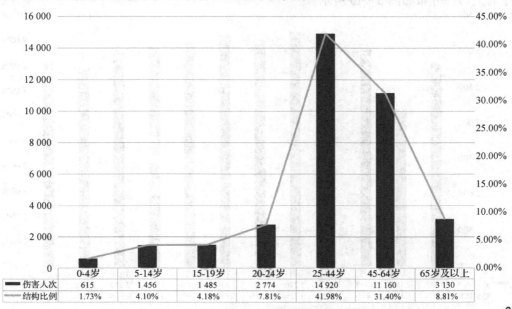

	0-4岁	5-14岁	15-19岁	20-24岁	25-44岁	45-64岁	65岁及以上
伤害人次	615	1 456	1 485	2 774	14 920	11 160	3 130
结构比例	1.73%	4.10%	4.18%	7.81%	41.98%	31.40%	8.81%

图3-43 2014—2022年度家用日用品类产品伤害相关伤患特殊间隔年龄分布

2014—2022年度家用日用品伤害排名靠前的伤患年龄组是：① 25~44 岁,14 920 人次,占 41.98%；② 45~64 岁,11 160 人次,占 31.40%；③ 65 岁及以上,3 130 人次,占 8.81%。20 岁以上伤患累计占比 89.99%,是主要受伤害人群,但也存在一个需要注意的幼儿伤患群体。

2. 性别分析

2014—2022年度家用日用品产品伤害相关伤患性别的分布如图 3-44 所示,其中：① 男性,21 240 人次,占 59.76%；② 女性,14 300 人次,占 40.24%。

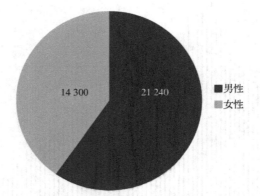

图 3-44 家用日用品产品伤害相关伤患性别分布

3.5.4 伤害环境分析

1. 伤害发生时间分析

2014—2022年度排名前三位的家用日用品产品伤害发生月份是：① 5 月,3276 人次,占 9.22%；② 7 月,3219 人次,占 9.06%；③ 6 月,3162 人次,占 8.90%。家用日用品产品伤害发生时间(月)分布如图 3-45 所示。

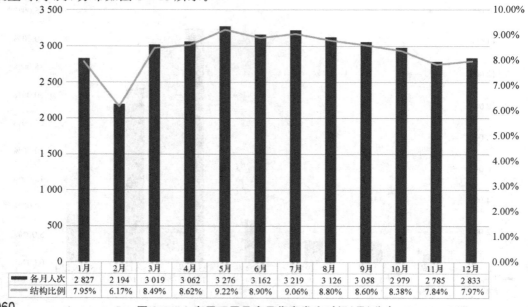

图 3-45 家用日用品产品伤害发生时间(月)分布

2. 伤害发生地点

2014—2022年度排名前三位的家用日用品产品伤害发生地点是：① 家中，18 346人次，占51.62%；② 工业和建筑场所，7 795人次，占21.93%；③ 贸易和服务场所，3 918人次，占11.02%。家用日用品产品伤害发生地点分布如图3-46所示。

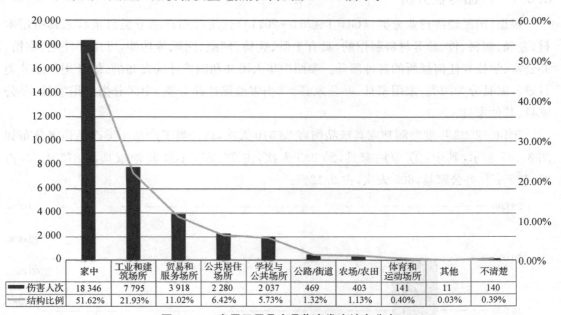

图3-46 家用日用品产品伤害发生地点分布

3.5.5 主要结论与消费提示

（1）2014—2022年度，家用日用品产品伤害排名前三位的产品小类是手工工具、日用杂品及五金制品；其中，51.62%的家用日用品产品伤害发生在家中。

消费提示：消费者在家中使用日用品时，应加强对于手工工具、五金制品、日用杂物等产品的伤害预防措施，如使用时佩戴手套或为产品安装防护装置等，有条件的消费者可直接购买带有安全装置的产品。

（2）2014—2022年度，排名前三位的手工工具、日用杂品、五金制品产品伤害发生原因是刀/锐器伤，钝器伤和跌倒/坠落；排名前三位的产品伤害部位是上肢、头部和下肢；排名前三位的产品伤害性质是锐器伤/开放伤，挫伤、擦伤和骨折。

消费提示：消费者在使用手工工具、五金制品产品时，要特别注意可能造成锐器伤害的产品，如菜刀、剪刀、水果刀等；做好产品伤害预防措施，如尽量使用带防护装置的刀具，在使用螺丝刀、锯子等工具时佩戴手套等；同时在家中可常备应急医疗箱以处理意外发生的产品伤害。

3.6 家具

3.6.1 产品特征分析

根据《国民经济行业分类》(GB/T 4754—2011)与《统计用产品分类目录》,家具指用木材、金属、塑料、竹、藤等材料制作的,具有坐卧、凭倚、储藏、间隔等功能,可用于住宅、旅馆、办公室、学校等任何场所的各种器具。参照中华人民共和国统计局发布的《统计用产品分类目录》,家具分为两类:家用家具、办公家具。《伤害监测产品分类》中区分为家用家具、办公家具、其他家具。

2014—2022 年度监测到家具产品伤害 28 510 人次,该分类下产品小类产品伤害分布如图 3-47 所示,其中:① 家用家具,20 035 人次,占 70.27%;② 其他家具,7 870 人次,占 27.60%;③ 办公家具,605 人次,占 2.12%。

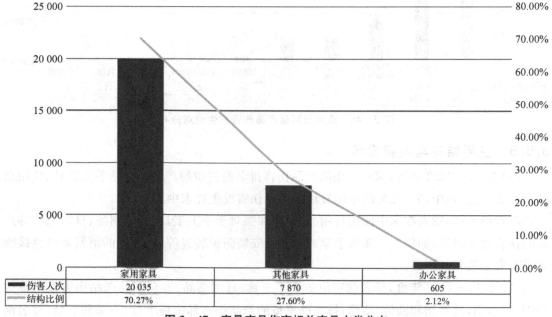

图 3-47 家具产品伤害相关产品小类分布

3.6.2 伤害特征分析

1. 伤害发生原因

2014—2022 年度排名前三位的家具产品伤害发生原因是:① 跌倒/坠落,18 858 人次,占 66.15%;② 钝器伤,8 690 人次,占 30.48%;③ 刀/锐器伤,637 人次,占 2.23%。家具产品伤害发生原因分布如图 3-48 所示。

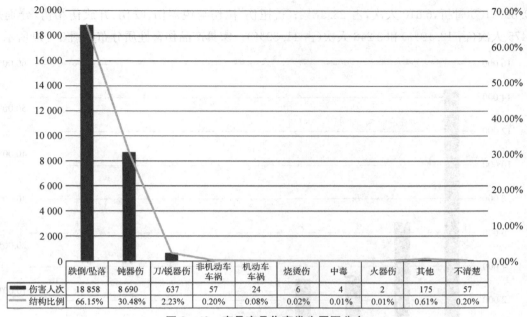

图 3-48 家具产品伤害发生原因分布

2. 伤害部位

2014—2022 年度排名前三位的家具产品伤害部位是：① 下肢，8 593 人次，占 30.14%；② 头部，7 352 人次，占 25.79%；③ 上肢，6 069 人次，占 21.29%。家具产品伤害部位分布如图 3-49 所示。

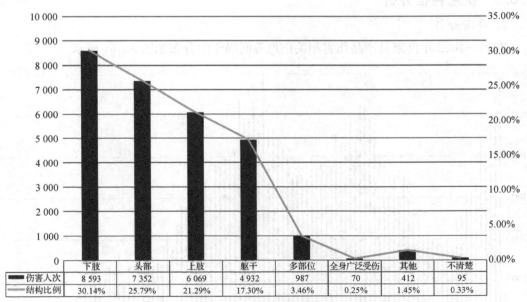

图 3-49 家具产品伤害部位分布

3. 伤害性质

2014—2022 年度排名前三位的家具产品伤害性质是：① 挫伤、擦伤，14 489 人次，占

50.82%；② 骨折，6 610人次，占23.18%；③ 扭伤/拉伤与锐器伤、咬伤、开放伤相仿，分别是3 475人次（占12.19%）和3 248人次（占11.39%）。家具产品伤害性质分布如图3-50所示。

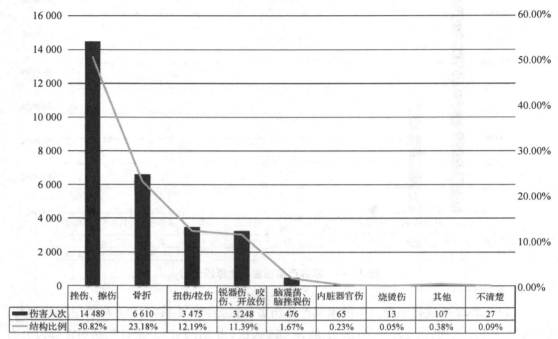

图3-50 家具产品伤害性质分布

3.6.3 伤患特征分析

1. 年龄分析

2014—2022年度家具产品伤害相关伤患等间隔年龄分布如图3-51所示。

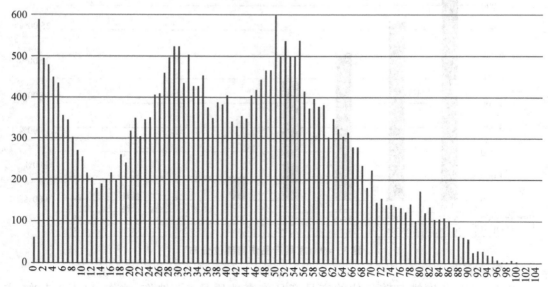

图3-51 2014—2022年度家具产品伤害相关伤患等间隔年龄分布

数据显示,最大年龄 105 岁,平均年龄 37.80 岁,标准差 22.81 岁。图 3-51 显示整体基本对称,但两边分布不同,左侧有一个幼儿伤患群体,峰值出现在 1 岁,达到 588 人次。中间有两个伤患群体,第一个峰值是 29、30 岁,各达到 523 人次;第二个峰值是 50 岁,伤害人次是 599 人次,中位数为 38 岁。2014—2022 年度家具产品伤害相关伤患参照《伤害检测指南》分类,其年龄分布如图 3-52 所示。

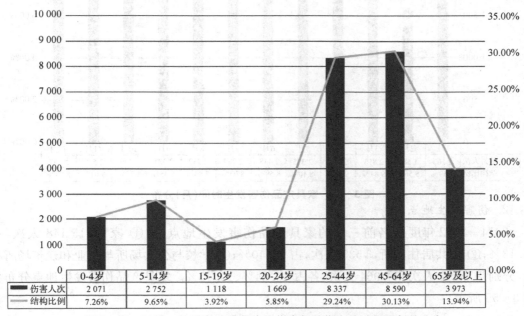

	0-4岁	5-14岁	15-19岁	20-24岁	25-44岁	45-64岁	65岁及以上
伤害人次	2 071	2 752	1 118	1 669	8 337	8 590	3 973
结构比例	7.26%	9.65%	3.92%	5.85%	29.24%	30.13%	13.94%

图 3-52　2014—2022 年度家具产品伤害相关伤患特殊间隔年龄分布

2014—2022 年度家具产品伤害排名前三位的伤患年龄组是:① 45~64 岁,8 590 人次,占 30.13%;② 25~44 岁,8 337 人次,占 29.24%;③ 65 岁及以上,3 973 人次,占 13.94%。25~70 岁伤患累计占比 7 成,是主要受伤人群。

2. 性别分析

2014—2022 年度家具产品伤害相关伤患的性别分布如图 3-53 所示,其中:① 男性,15 943 人次,占 55.92%;② 女性,12 567 人次,占 44.08%。

3.6.4　伤害环境分析

1. 伤害发生时间分析

2014—2022 年度排名前三位的家具产品伤害发生月份是:① 3 月,2 813 人次,占 9.87%;② 4 月,2 579 人次,占 9.05%;③ 11 月,2 570 人次,占 9.01%。家具产品伤害发生时间分布如图 3-54 所示。

图 3-53　家具产品伤害相关伤患性别分布

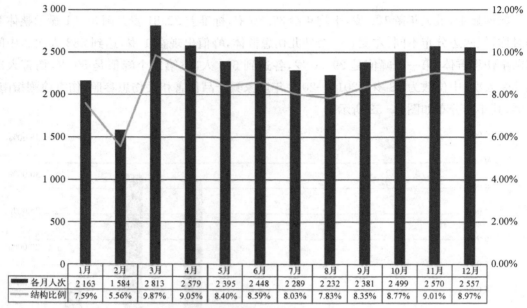

图 3-54　家具产品伤害发生时间(月)分布

2. 伤害发生地点

2014—2022 年度排名前三位的家具产品伤害发生地点是：① 家中，15 148 人次，占 53.13％；② 公共居住场所，3 535 人次，占 12.40％；③ 学校与公共场所与工业和建筑场所相仿，分别是 3 091 人次和 2 964 人次，各占 10.84％、10.40％。家具产品伤害发生地点分布如图 3-55 所示。

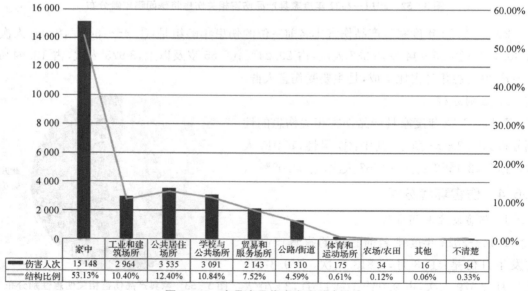

图 3-55　家具产品伤害发生地点分布

3.6.5 主要结论与消费提示

（1）2014—2022年度，家具产品伤害主要集中在家用家具和其他家具两个产品小类，家用家具产品伤害占家具产品伤害的70.27%。有53.13%的家具产品伤害发生在家中。

消费提示：消费者在家中使用家具时，应加强对于家用家具产品伤害的预防措施，对于存在安全隐患的家具应及时维修或更换，对于使用比较频繁的家具应定期检查其折旧和损耗的情况，以便及时发现潜在安全问题。另外，在必要时应准备防护措施后再使用家具。

（2）2014—2022年度，排名前三位的家具产品伤害发生原因是跌倒/坠落、钝器伤和刀/锐器伤。其中，跌倒/坠落的伤害人次占总家具伤害人次比例将近七成以上。

消费提示：消费者对于可能造成跌倒/坠落的家用家具，如床头柜、沙发和椅子、凳子等家具，应特别注意正确的使用方法，如端正坐姿，不在沙发上翻滚等。对于小孩子在使用此类家具时，家长应提前叮嘱孩子正确的使用方法，必要时需加以看护。同时对于桌柜凳等家具的桌角、手柄等应加以检查，必要时安装保护垫，以避免家人尤其是小孩的意外产品伤害事件发生。

（3）2014—2022年度，家具产品的产品伤害事件中，主要的伤患年龄集中在25~70岁，男性和女性人数比例各占五成；对伤害环境分析可知，伤害发生频率由高到低的月份排序依次是3月、4月、11月和12月，且家中是伤害发生的主要场所。

消费提示：家中、学校以及其他的办公场所都是家具产品伤害的高发地，消费者应当特别引起重视。分析指出，不仅仅是成年人，0~10岁的低龄儿童也是家具产品伤害的主要受害者。

3.7 机械类

3.7.1 产品特征分析

机械类包括专用设备和电气机械与器材、通用设备、常见金属制品等。参照中华人民共和国统计局发布的《统计用产品分类目录》，结合此次调查的实际情况，机械类可分为以下7类：锻件、粉末冶金件，金属铸件，电工机械专用设备，通用手工具，建筑工程专用设备，非金属制品和其他专用设备及零部件。

2014—2022年度监测到机械类产品伤害29 434人次，该分类下产品小类产品伤害分布如图3-56所示，其中：① 非金属制品，10 631人次，占36.12%；② 电工机械专用设备，8 538人次，占29.01%；③ 建筑工程专用设备，5 508人次，占18.71%。

3.7.2 伤害特征分析

1. 伤害发生原因

2014—2022年度排名前三位的机械类产品伤害发生原因是：① 跌倒/坠落，15 195人次，占51.62%；② 钝器伤，7 823人次，占26.58%；③ 刀/锐器伤，5 780人次，占19.64%。机械类产品伤害发生原因分布如图3-57所示。

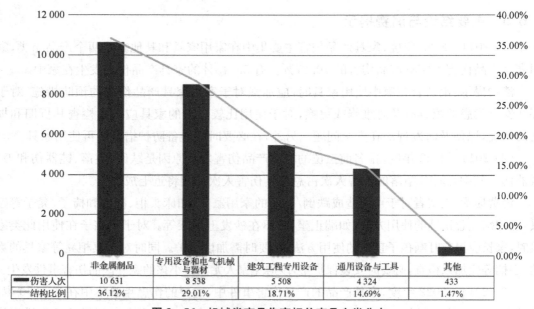

图 3-56 机械类产品伤害相关产品小类分布

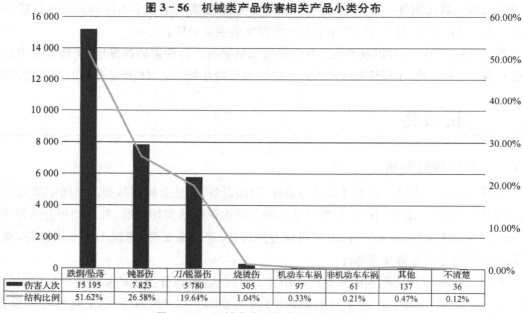

图 3-57 机械类产品伤害发生原因分布

2. 伤害部位

2014—2022年度排名前三位的机械类产品伤害部位是：① 上肢，11 994 人次，占 40.75%；② 下肢，8 148 人次，占 27.68%；③ 头部，4 798 人次，占 16.30%。机械类产品伤害发生部位分布如图 3-58 所示。

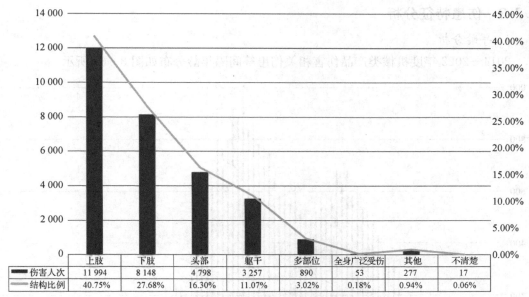

图 3-58 机械类产品伤害部位分布

	上肢	下肢	头部	躯干	多部位	全身广泛受伤	其他	不清楚
伤害人次	11 994	8 148	4 798	3 257	890	53	277	17
结构比例	40.75%	27.68%	16.30%	11.07%	3.02%	0.18%	0.94%	0.06%

3. 伤害性质

2014—2022 年度排名前四位的机械类产品伤害性质是：① 挫伤、擦伤，13 600 人次，占 46.21%；② 骨折与锐器伤、咬伤、开放伤相仿，分别是 6 162、6 114 人次，占 20.93% 与 20.77%；③ 扭伤/拉伤，2 756 人次，占 9.36%。机械类产品伤害性质分布如图 3-59 所示。

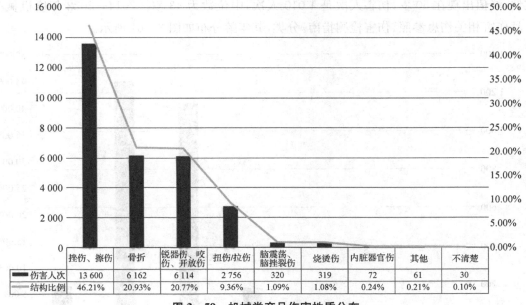

	挫伤、擦伤	骨折	锐器伤、咬伤、开放伤	扭伤/拉伤	脑震荡、脑挫裂伤	烧烫伤	内脏器官伤	其他	不清楚
伤害人次	13 600	6 162	6 114	2 756	320	319	72	61	30
结构比例	46.21%	20.93%	20.77%	9.36%	1.09%	1.08%	0.24%	0.21%	0.10%

图 3-59 机械类产品伤害性质分布

3.7.3 伤患特征分析

1. 年龄分析

2014—2022年度机械类产品伤害相关伤患等间隔年龄分布如图3-60所示。

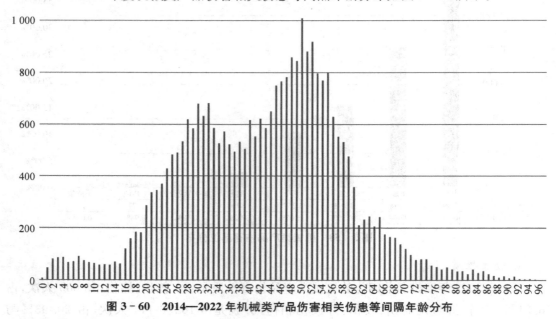

图3-60　2014—2022年机械类产品伤害相关伤患等间隔年龄分布

数据显示，最大年龄94岁，平均年龄41.55岁，标准差14.01岁。图3-60显示整体呈左偏，峰值出现在50岁，伤害人次是1 010人次，中位数为43岁。2014—2022年度机械类产品伤害相关伤患参照《伤害检测指南》分类，其年龄分布如图3-61所示。

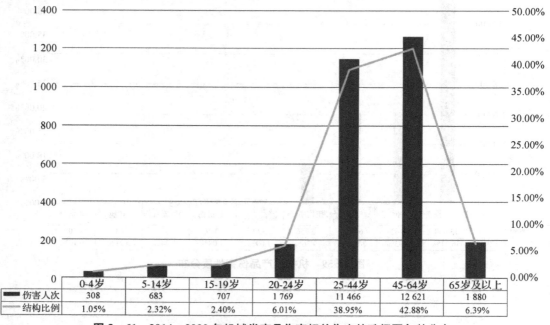

图3-61　2014—2022年机械类产品伤害相关伤患特殊间隔年龄分布

2014—2022年度机械类产品伤害排前三位的伤患年龄组是：① 45~64岁，12 621人次，占42.88%；② 25~44岁，11 466人次，占38.95%；③ 20~24岁与65岁及以上两组相仿，占6%左右。25~64岁伤患累计占比81.83%，是主要受伤害人群。

2. 性别分析

2014—2022年度机械类产品伤害相关伤患的性别分布如图3-62所示，其中：① 男性，22 556人次，占76.63%；② 女性，6 878人次，占23.37%。

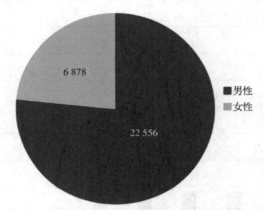

图3-62 机械类产品伤害相关伤患性别分布

3.7.4 伤害环境分析

1. 伤害发生时间分析

2014—2022年度排名前几位的机械类产品伤害发生月份是：① 10月，2 910人次，占9.89%；② 4~7月相仿，分别占9.46%、9.92%、9.89%、9.58%；③ 3月、12月相仿，各占8.37%、8.58%。机械类产品伤害发生时间分布如图3-63所示。

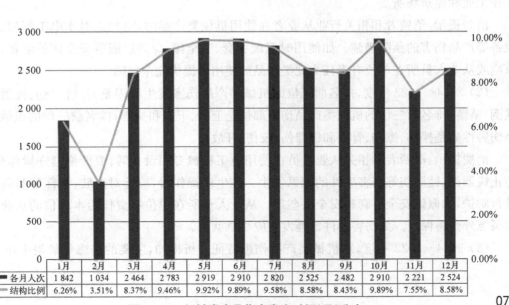

图3-63 机械类产品伤害发生时间（月）分布

2. 伤害发生地点

2014—2022 年度排名前三位的机械类产品伤害发生地点是：① 工业和建筑场所，16 502 人次，占 56.06%；② 公共居住场所，7 810 人次，占 26.53%；③ 贸易和服务场所，1 574 人次，占 5.35%。机械类产品伤害发生地点分布如图 3-64 所示。

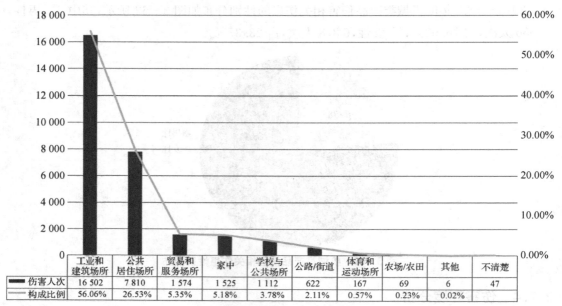

图 3-64 机械类产品伤害发生地点分布

3.7.5 主要结论与消费提示

（1）2014—2022 年度，机械类产品伤害排名前几位的产品小类依次为非金属制品、专用设备和电气机械与器材、建筑工程专用设备、通用设备与工具。其中，56.06%的产品伤害发生在工业和建筑场所。

消费提示：消费者和相关行业从业者在使用机械类产品时，应加强对于电工器械、建筑设备等产品伤害的预防措施。如使用时佩戴手套、安全帽，穿防护服等安全防护装备，相关家庭或从业人员所在单位有责任为此类产品的使用者提供安全保障。

（2）2014—2022 年度，排名前三位的机械类产品伤害发生原因是刀/锐器伤、钝器伤和跌倒/坠落；排名前三位的机械类产品伤害部位是上肢、下肢和头部；排名前三位的机械类产品伤害性质是挫伤、擦伤、骨折和锐器伤、咬伤、开放伤。

消费提示：消费者和相关从业人员在使用电工机械专用设备时，要严格遵守操作规范，防止锐器伤、钝器伤等伤害事件的频繁发生。在生产操作时，应针对上肢、头部等脆弱部位进行防护，如佩戴安全手套和安全头盔等。从业人员所在单位有责任为本单位的从业人员购买意外伤害保险。如伤害事件已经发生应尽早就医。

（3）2014—2022 年度，对机械类产品伤患特征分析得知，主要的伤患年龄集中在 25～

64 岁，且男性伤患人数比例占据七成以上；对机械类产品伤害环境分析可知，伤害发生频率由高到低的月份排序依次是 5 月、6 月和 10 月，且工业和建筑场所是伤害发生的主要场所。

消费提示：男性消费者，特别是从事相关行业的男性工人，是机械类产品伤害的主要受害人群。在每年年中的工程密集阶段，特别容易发生此类产品伤害事故，消费者和相关从业人员应当尤为重视。

第四章
江苏省产品伤害数据分类树分析报告

本章应用分类树分析方法,对江苏省2014—2022年度有效产品伤害监测数据进行产品伤害分类树分析,对产品伤害的典型模式及其特征进行初步探讨,并根据主要分析结论为消费者提出消费提示。本报告重点聚焦于汽车、玩具、其他交通运输设备、家用电器、家用日用品、食品以及饮料类相关产品等主要产品类别。

4.1 分类树分析方法

分类树方法发源于20世纪60年代的哈佛商学院,以预测变量(Predict variable)和因变量(Dependent variable)为变量构造模型,使用二叉树将预测空间递归地划分为若干子集,树的根节点表示拆分变量,叶节点表示划分的不同区域,每次划分根据内部节点相关的分支规划(Splitting Rules)确定。

分类树是一种以计算机实现、基于统计理论的非参数的识别技术,特点在于将统计分析和计算机运算相结合,既保持了多元参数、非参数统计的一些优点,又克服了其不足,表现为自动进行变量选择,降低维数,充分利用先验信息处理数据间非同质的关系,分类结果表达形式简单易懂,并可有效地用于对数据的分类。因此,选择分类树作为分析产品伤害数据的方法,分析软件为R软件中的Rpart软件包。

1. 变量的选择

本报告以产品为核心分析产品伤害数据分类树,因此,选择产品类别作为预测变量中涉及的因变量和代码如表4-1所示。

表4-1 分类相关代码和因变量

代码	因变量	代码	因变量
a_1	性别	a_8	伤害发生时活动
a_2	年龄	a_9	伤害性质
a_3	户籍	a_{10}	伤害部位
a_4	职业	a_{11}	伤害程度
a_5	文化程度	a_{12}	伤害结局
a_6	伤害发生原因	a_{13}	产品类别
a_7	伤害发生地点		

2. 拆分点的判定

产品伤害数据分类树的划分,旨在寻找一个变量使得依照该变量的某个条件把数据分成纯度较大的两个数据子集,且该划分结果的子集在所有划分方法结果中的纯度最高。Rpart软件包采用以Gini系数为纯度指标的分类回归树(Classification And Regression Tree)算法,简称CART算法,它是一种二分递归分割技术,把当前样本划分为两个子样本,使得生成的每个非子叶子节点都有两个分支。

Gini 系数定义为：

$$\text{Gini} = 1 - \sum_{j=1}^{n} p_j^2 \tag{4.1}$$

其中，n 为分类个数，p_j 表示数据集样本不同类别的概率。

分配越不均匀，Gini 的值越小，系统将计算各种分割方式的 Gini 系数，并最终选择 Gini 小的子集分割方式。

一般根据软件运行结果选择分类变量，如性别、户籍等；但当软件运行后无分类结果显示，则指定伤害发生原因、伤害部位和伤害性质为分类变量，最终选择具有区分度的分类树进行分析。

3. 结果分析

根据预测变量与拆分点的判断准则，运行软件生成产品伤害数据的分类树，为直观显示分类树结果，将分类树转换为下述表达方式（见图 4-1）。

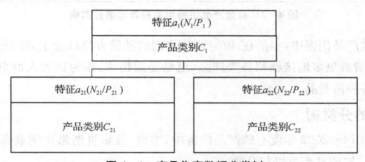

图 4-1　产品伤害数据分类树

如图 4-1 所示，根节点中的"产品类别 C_1"表示分类树拆分的产品类别，"特征 $a_1(N_1/P_1)$"表示在产品类别 C_1 中最突出的特征，N_1 表示具备该特征的产品伤害人次，P_1 表示具备该特征的产品伤害人次所占比例；叶节点中的"产品类别 C_{21}"表示分类树拆分后的产品类别子群，"特征 $a_{21}(N_{21}/P_{21})$"表示在产品类别 C_{21} 子群中最突出的特征，N_{21} 表示具备该特征的产品伤害人次，P_{21} 表示具备该特征的产品伤害人次所占的比例。

4.2 有效产品伤害分类树分析

4.2.1 年龄的分类树

江苏省 2014—2022 年度有效产品分类树伤害相关伤患的平均年龄为 40.85 岁。按产品大类进行分类：

文体教育用品，玩具，纺织品、服装（饰）、鞋帽，家具，其他产品归为一类，共 39 101 人次。该类产品伤害相关患者的平均年龄偏低，为 33.28 岁。

农、林、牧、渔产品，食品、饮料、食品相关产品，皮革、毛皮、羽毛（绒）及其制品，木、竹、藤、棕、草制品，纸及其制品，家用日用品，汽车，家用电器，机械，金属和非金属产品，其他交通运输设备归为一类，共 288 044 人次。该类产品伤害相关患者的平均年龄为 41.67 岁。

伤患年龄的分类树如图 4-2 所示。

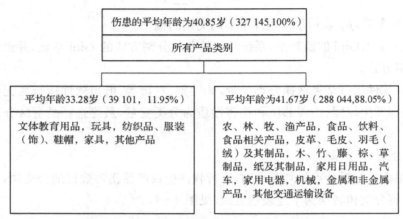

图 4-2　有效产品伤害相关患者年龄分类树

在所有有效产品伤害中，年龄在 30～50 岁之间的消费者是社会主要的劳动人群和消费人群，以致于消费者更多地接触到各类产品，更易受到伤害，作为这类人群更应该在日常生活中注意使用各种消费品。

4.2.2　户籍的分类树

在江苏省 2014—2022 年度有效产品伤害中，本市/县籍贯伤患比例最高，共 234 454 人次，占 71.67%。按产品大类进行分类：

农、林、牧、渔产品，食品、饮料、食品相关产品，纺织品、服装(饰)、鞋帽，家具，文体教育用品，皮革、毛皮、羽毛(绒)及其制品，木、竹、藤、棕、草制品，纸及其制品，家用日用品，汽车，其他交通运输设备，玩具，家用电器，其他产品归为一类。该类产品伤害中本市/县籍贯伤患比例最高，共 193 816 人次，占 73.93%。

家用日用品，机械归为一类。该类产品伤害中外省籍贯伤患比例最高，共 15 692 人次，占 24.15%。伤患户籍的分类树如图 4-3 所示。

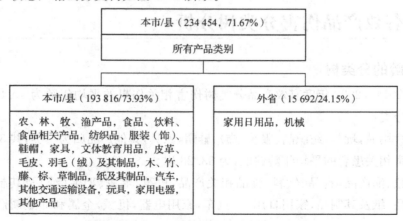

图 4-3　有效产品伤害相关伤患户籍分类树

4.2.3 文化程度的分类树

江苏省2014—2022年度有效产品伤害中,初中文化程度伤患比例最高,共95 967人次,占29.33%。按产品大类进行分类:

农、林、牧、渔产品,皮革、毛皮、羽毛(绒)及其制品,木、竹、藤、棕、草制品,纸及其制品,纺织品、服装(饰)、鞋帽,文体教育用品,其他交通运输设备,玩具,家用电器,家用日用品,机械,金属及非金属产品,其他产品归为一类。该类产品伤害中初中文化程度伤患比例最高,共72 944人次,占31.69%。

食品、饮料、食品相关产品,家具,汽车归为一类。该类产品伤害中高中或中专文化程度伤患比例最高,共23 124人次,占23.84%。

伤患文化程度的分类树如图4-4所示。

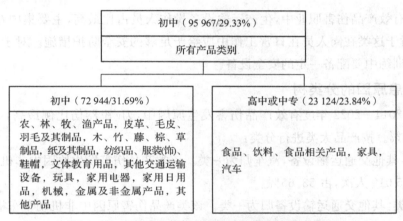

图4-4 有效产品伤害相关伤患文化程度的分类树

在所有有效产品伤害文化程度中,消费者主要是高中或中专文化程度,专业技能知识缺乏,企业对于这部分人群应该多加强专业知识的培训。

4.2.4 职业的分类树

江苏省2014—2022年度有效产品伤害中,生产运输设备操作人员比例最高,共75 526人次,占23.09%。按产品大类进行分类:

农、林、牧、渔产品,皮革、毛皮、羽毛(绒)及其制品,木、竹、藤、棕、草制品,纸及其制品,纺织品、服装(饰)、鞋帽,其他交通运输设备,家用日用品,玩具,机械,金属产品,汽车,家具,家用电器归为一类。该类产品伤害中生产运输设备操作人员伤患比例最高,共73 195人次,占23.78%。

文体教育用品,非金属矿制品,其他产品归为一类。该类产品伤害中在校学生伤患比例最高,共6 286人次,占32.44%。

伤患职业的分类树如图4-5所示。

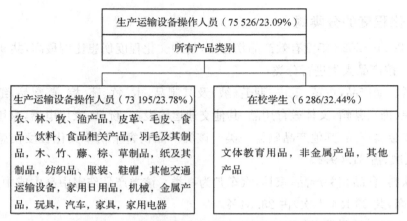

图 4-5 有效产品伤害相关伤患职业的分类树

在所有有效产品伤害职业中,生产运输设备操作人员占比最高,主要集中在重、轻工业领域,企业对于这类在岗人员在日常工作中应给予足够的安全防护措施。对于在校学生在学习或工程训练中要配备一定的安全设备。

4.2.5 伤患原因的分类树

江苏省 2014—2022 年度有效产品伤害发生原因中,刀/锐器伤比例最高,共 75 993 人次,占 23.23%。按产品大类进行分类:

第 1 类:其他交通运输设备,汽车归为一类。该类产品伤害发生原因中非机动车车祸比例最高,共 75 019 人次,占 53.65%。

第 1.1 类:其他交通运输设备归为一类。该类产品伤害原因中非机动车车祸比例最高,共 74 504 人次,占 79.85%。

第 1.2 类:汽车归为一类。该类产品伤害原因中机动车车祸比例最高,共 43 424 人次,占 93.36%。

第 2 类:农、林、牧、渔产品,食品、饮料、食品相关产品,纺织品、纺织品、服装(饰)、鞋帽,皮革、毛皮、羽毛(绒)及其制品,木、竹、藤、棕、草制品,纸及其制品,家具,文教体育用品,家用日用品,玩具,家用电器,机械,金属及非金属制品、其他产品归为一类。该类产品伤害中刀/锐器伤比例最高,共 75 680 人次,占 40.40%。

第 2.1 类:农、林、牧、渔产品,食品、饮料、食品相关产品,纺织品、服装(饰)、鞋帽,皮革、毛皮、羽毛(绒)及其制品,木、竹、藤、棕、草制品,纸及其制品,家用日用品,家用电器,机械,金属及非金属制品归为一类。该类产品伤害中刀/锐器伤比例最高,共 74 288 人次,占 49.98%。

第 2.2 类:家具,文教体育用品,玩具,其他产品归为一类。该类产品伤害中跌倒/坠落比例最高,共 24 330 人次,占 60.97%。

第 2.1.1 类:农、林、牧、渔产品,家用日用品,金属及非金属制品归为一类。该类产品伤害中刀/锐器伤比例最高,共 67 830 人次,占 61.67%。

第2.1.2类：食品、饮料、食品相关产品，纺织品、服装(饰)、鞋帽，皮革、毛皮、羽毛(绒)及其制品，木、竹、藤、棕、草制品，纸及其制品，家用电器，机械，归为一类。该类产品伤害原因中跌倒/坠落比例最高，共16 930人次，占48.75%。

第2.1.1.1类：家用电器，机械归为一类。该类产品伤害中跌倒/坠落伤比例最高，共15 973人次，占48.63%。

第2.1.1.2类：纺织品、服装(饰)、鞋帽，皮革、毛皮、羽毛(绒)及其制品，木、竹、藤、棕、草制品，纸及其制品归为一类。该类产品伤害中钝器伤比例最高，共957人次，占50.72%。

伤患发生原因的分类树如图4-6。

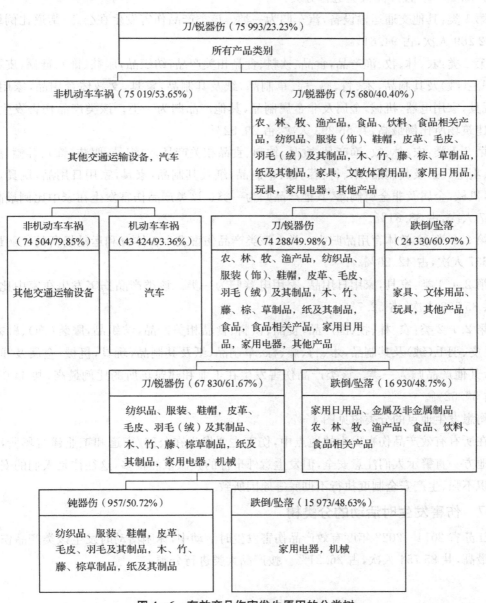

图4-6 有效产品伤害发生原因的分类树

在所有产品伤害发生原因中,受伤人群由于刀/锐器伤伤害比例最大,应该加强各类职业人员安全教育,严格遵守操作规程,提供防护设备,开展安全防护教育,以降低人们刀/锐器伤的发生。对于汽车、其他交通运输设备的消费者,应该严格遵守交通规章制度,降低交通事故率。对于食品类产品,消费者切勿乱食、暴食,并且政府应该严格从源头打击各类非法生产违规食品,以减少食品安全事故的发生。

4.2.6 伤患发生地点的分类树

江苏省 2014—2022 年度有效产品伤害发生地点中,公路/街道比例最高,共 137 544 人次,占 42.04%。按产品大类进行分类:

第 1 类:其他交通运输设备,汽车归为一类。该类产品伤害发生在公路/街道比例最高,共 132 289 人次,占 94.61%。

第 2 类:农、林、牧、渔产品,食品、饮料、食品相关产品,纺织品,服装(饰)、鞋帽,皮革、毛皮、羽毛(绒)及其制品,木、竹、藤、棕、草制品,纸及其制品,家具,文教体育用品,家用日用品,玩具,家用电器,机械,金属及非金属制品,其他产品归为一类。该类产品伤害发生在工业和建筑场所比例最高,共 55 293 人次,占 29.52%。

第 2.1 类:农、林、牧、渔产品,食品、饮料、食品相关产品,纺织品,服装(饰)、鞋帽,皮革、毛皮、羽毛(绒)及其制品,木、竹、藤、棕、草制品,纸及其制品,家具,家用日用品,玩具,家用电器,机械,金属及非金属制品,其他产品归为一类。该类产品伤害发生在家中比例最高,共 69 367 人次,占 38.81%。

第 2.2 类:文教体育用品归为一类。该类产品伤害发生在体育和运动场所的比例最高,共 3 637 人次,占 42.26%。

第 2.1.1 类:家具,家用日用品,家用电器归为一类。该类产品伤害发生在家中比例最高,共 35 552 人次,占 52.7%。

第 2.1.2 类:农、林、牧、渔产品,食品、饮料、食品相关产品,纺织品,服装(饰)、鞋帽,皮革、毛皮、羽毛(绒)及其制品,木、竹、藤、棕、草制品,纸及其制品,玩具,机械,金属及非金属制品,其他产品归为一类。该类产品伤害发生在工业和建筑场所的比例最高,共 44 079 人次,占 39.62%。

伤患发生地点的分类树见图 4-7。

在所有有效产品伤害发生的地点中,伤害主要发生在公路/街道和工业建筑场所,尽管这些地方一直警示人们注意安全,但发生意外事件的频次依然很多,这往往是人们的安全防范意识不强、生产安全制度执行不彻底等原因所致。

4.2.7 伤害发生时活动的分类树

江苏省 2014—2022 年度有效产品伤害发生时活动中,休闲活动时发生该类产品伤害的比例最高,共 85 754 人次,占 26.21%。按产品大类进行分类:

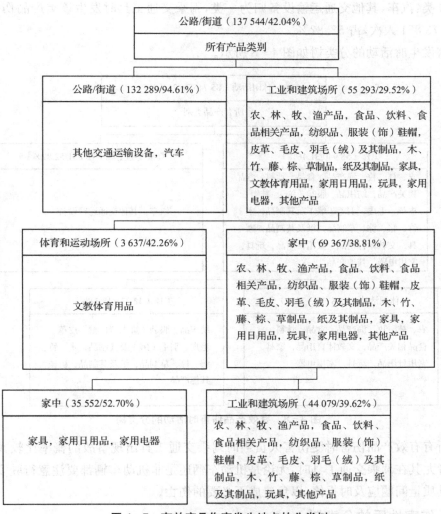

图4-7 有效产品伤害发生地点的分类树

第1类:农、林、牧、渔产品,食品、饮料、食品相关产品,纺织品、服装(饰)、鞋帽,皮革、毛皮、羽毛(绒)及其制品,木、竹、藤、棕、草制品,纸及其制品,家具,文教体育用品,家用日用品,玩具,家用电器,其他产品归为一类。工作时发生该类产品伤害的比例最高,共58 940人次,占31.46%。

第1.1类:农、林、牧、渔产品,食品、饮料、食品相关产品,家具,文教体育用品,家用日用品,玩具,家用电器归为一类。休闲活动时发生该类产品伤害的比例最高,共33 871人次,占33.31%。

第1.2类:纺织品、服装(饰)、鞋帽,皮革、毛皮、羽毛(绒)及其制品,木、竹、藤、棕、草制品,纸及其制品,其他产品归为一类。工作时发生该类产品伤害的比例最高,共42 373人次,占48.34%。

第2类：汽车,其他交通运输设备归为一类,驾乘交通工具时发生该类产品伤害的比例最高,共73 851人次,占52.82%。

伤害发生时活动的分类树如图4-8所示。

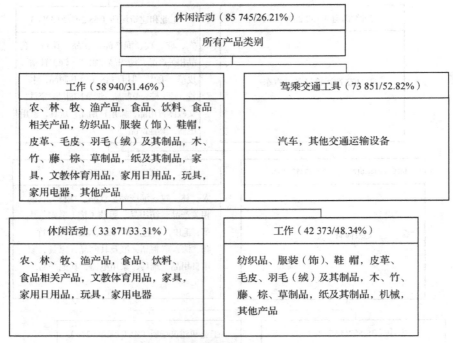

图4-8 有效产品伤害时活动的分类树

在所有有效产品伤害时受伤害人员当时驾乘交通工具出现事故的概率比较大,这就要求消费者尤其在驾乘交通工具时,无论是机动车辆还是非机动车辆都要注意行驶安全,发现交通工具质量问题应及时报修,以免造成不必要的伤亡。

4.2.8 伤害性质的分类树

江苏省2014—2022年度有效产品伤害性质中,挫伤/擦伤比例最高,共156 333人次,占47.79%。按产品大类进行分类：

第1类：皮革、毛皮、羽毛(绒)及其制品,木、竹、藤、棕、草制品,纸及其制品,纺织品、服装(饰)、鞋帽,金属制品,家具,汽车,其他交通运输设备,家用电器,机械,文教体育用品,玩具,其他产品归为一类。该类产品伤害性质中挫伤/擦伤比例最高,共138 387人次,占53.22%。

第2类：农、林、牧、渔产品,食品、饮料、食品相关产品,家用日用品,非金属制品归为一类。该类产品伤害性质中锐器伤、开放伤比例最高,共34 188人次,占50.93%。

第2.1类：农、林、牧、渔产品,家用日用品,非金属制品归为一类。该类产品伤害性质中锐器伤、咬伤、开放伤比例最高,共28 160人次,占59.66%。

第2.2类：食品、饮料、食品相关产品归为一类。该类产品伤害性质中挫伤/擦伤比例最高,共5 941人次,占29.82%。

伤害性质的分类树见图4-9。

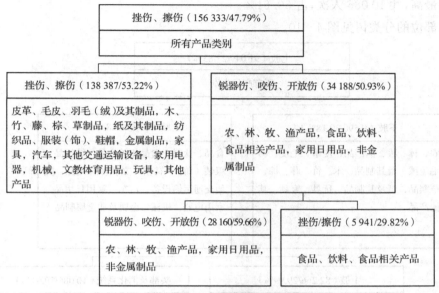

图4-9 有效产品伤害性质的分类树

在所有有效产品伤害发生性质中,受伤人员主要伤害性质是挫伤/擦伤。而对于食品、饮料、食品相关产品伤害包含因为中毒导致器官系统损伤,这要求人们在消费食品类产品时要辨别真假,政府应该加强监管维护消费者权益。

4.2.9 伤害部位的分类树

江苏省2014—2022年度有效产品伤害部位中,上肢比例最高,共91 049人次,占27.83%。按产品大类进行分类:

第1类:农、林、牧、渔产品,皮革、毛皮、羽毛(绒)及其制品,木、竹、藤、棕、草制品,纸及其制品,玩具,家具,其他产品归为一类。该类产品伤害部位下肢比例最高,共9 590人次,占29.18%。

第2类:食品、饮料、食品相关产品,纺织品、服装(饰)、鞋帽,文体教育用品,汽车,其他交通运输设备,家用日用品,家用电器,机械,金属及非金属产品归为一类。该类产品伤害部位中上肢比例最高,共83 674人次,占28.43%。

第2.1类:纺织品、服装(饰)、鞋帽,文体教育用品,汽车,其他交通运输设备,家用日用品,家用电器,机械,金属及非金属产品归为一类。该类产品伤害部位中上肢比例最高,共82 266人次,占29.99%。

第2.1.1类:汽车,其他交通运输设备归为一类。该类产品伤害部位中下肢部位比例最高,共41 609人次,占29.76%。

第2.1.2类:纺织品、服装(饰)、鞋帽,文体教育用品,家用日用品,家用电器,机械,金属及非金属产品归为一类。该类产品伤害部位中上肢比例最高,共62 908人次,占46.76%。

第 2.2 类：食品、饮料、食品相关产品归为一类。该类产品伤害部位中头部及消化系统受伤比例最高，共 10 085 人次，占 50.61%。

伤害部位的分类树见图 4-10。

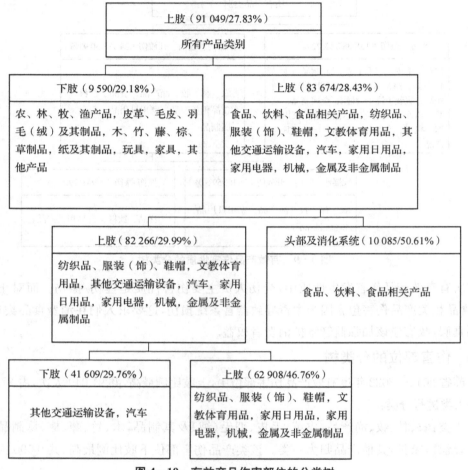

图 4-10 有效产品伤害部位的分类树

在所有有效产品伤害发生部位中，受伤人员主要伤害部位是上肢。而在消费食品类产品时主要伤害部位是头部及消化系统。而汽车类主要伤害部位是下肢，提示消费者应该在使用各类产品时注意保护自己，采取防护措施。

4.2.10 主要结论与消费提示

根据 2014—2022 年度江苏省产品伤害数据分析信息，主要的消费结论如下：

（1）食品、饮料、食品相关产品等产品类别导致的产品伤害经典模式为食物中毒导致胃等器官损伤。

消费提示：消费者在购买食用食品时，应注意食品是否在保质期范围内，杜绝吃垃圾食品，并且切勿过度饮食或饮酒。政府部门应该加大力度打击违法生产商，净化市场源头，建立市场级检测体系,增加媒体透明度。

(2) 汽车与其他交通运输设备产品伤害典型模式为在公路/街道上驾乘交通工具时发生产品伤害。其中,其他交通运输设备产品伤害主要由非机动车车祸导致,汽车产品伤害主要由机动车车祸导致。伤害以多部位挫伤、擦伤为主,伤患大部分是本市/县年龄偏大的生产运输设备操作人员,学历不高。

消费提示:消费者在公路/街道上驾乘交通工具时,应遵循交通规则,杜绝超速驾驶、酒后驾驶、疲劳驾驶等行为。如果发现机动车车祸与非机动车车祸由产品缺陷导致,应及时与商家联系,同时可向缺陷产品管理中心投诉。

(3) 家用日用品等产品伤害典型模式为刀/锐器伤造成消费者受伤,尤其是作为家用日用品最为多见,以外省年龄偏大的家务人员在家中受伤为主,受伤部位集中在上肢居多,学历不高。

消费提示:消费者在使用各种家用日用品时,尽量佩戴手套使用,要注意查看说明书,加强年龄偏大的家务人员的日用常识。

(4) 文教体育用品等产品类别导致的产品伤害典型模式为在休闲活动时发生跌倒或坠落,伤患主要以本市/县籍贯、专业技术人员为主,受伤部位以下肢为主。

消费提示:消费者在进行专业训练时,应加强对下肢的预防伤害措施,比如选用配备的保护设备。要多加宣传自我保护意识,比如踢足球时穿戴护腕、护膝和护踝等。

(5) 玩具、家具类相关产品伤害典型模式主要为产品跌倒/坠落导致头部受伤,大多为年龄偏低的家务人员。

消费提示:消费者在放置家具时一定要放置平稳,对于老旧的家具需要检修。

4.3 汽车产品伤害分类树分析

4.3.1 户籍的分类树

江苏省2014—2022年度汽车产品伤害中,本市/县籍贯伤患比例最高,共35 617人次,占76.56%。表4-2是汽车产品伤害中的籍贯情况汇总表,表中显示各类汽车产品伤害的籍贯比例非常类似。

表4-2 汽车产品伤害中的籍贯　　　　　　　　　单位:人次

籍贯	大中型客车	小型客车	轿车	载货汽车挂车	车载零部件	合计
本市/县	786	1 015	30 664	1 541	1 611	35 617
本省外地	72	96	3 848	173	248	4 437
外省	127	194	5 454	288	381	6 444
外籍	0	1	23	2	0	26
合计	985	1 306	39 989	2 004	2 240	46 524

按汽车产品小类进行分类：

轿车，载货汽车，汽车挂车，车载零部件及附件归为一类。该类产品伤害中本市/县籍贯伤患比例最高，共 33 861 人次，占 76.45%。

大中小型客车归为一类。该类产品伤害中本市/县籍贯伤患比例最高，共 1 801 人次，占 78.61%。伤患户籍分析树如图 4-11 所示。

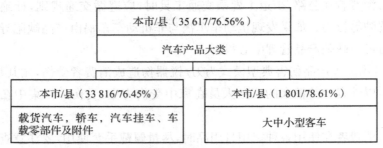

图 4-11　汽车产品伤害相关伤患户籍的分类树

4.3.2　职业的分类树

江苏省 2014—2022 年度汽车产品伤害中，生产运输设备操作人员伤患比例最高，共 10 314 人次，占 22.17%。按汽车产品小类进行分类：

车载零部件及附件、小型客车、载货汽车、轿车、汽车挂车归为一类。该类产品伤害中生产运输设备操作人员伤患比例最高，共 10 231 人次，占 22.47%。

大中型客车归为一类。该类产品伤害中离退休人员比例最高，共 205 人次，占 20.81%。伤患职业分类树如图 4-12 所示。

在所有汽车类产品伤患职业中，生产运输设备操作人员伤患比例最高，对于大中型客车、伤害比例最大的是商业、服务业人员，这主要是因为这类人群大中型客车利用比例比较高，因此在消费者出去办事或出差驾乘汽车时应该多关注自己的安全问题，驾乘汽车要系安全带。

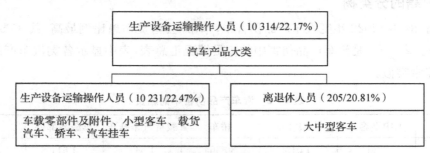

图 4-12　汽车产品伤害相关伤患职业的分类树

4.3.3　伤患发生原因的分类树

江苏省 2014—2022 年度汽车产品伤害发生原因中，机动车车祸比例最高，共 43 424 人次，占 93.34%。按汽车产品小类进行分类：

汽车挂车、大中型客车、小型汽车、轿车、载货汽车归为一类。该类产品伤害发生原因中机动车车祸比例最高，共 42 740 人次，占 96.51%。

车载零部件及附件归为一类。该类产品伤害发生原因中钝器伤比例最高，共 947 人次，占 42.28%。

伤害发生原因的分类树见图 4-13。

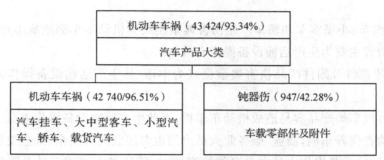

图 4-13　汽车产品伤害发生原因的分类树

在所有汽车类产品伤害发生原因中，发生机动车车祸的比例最高，消费者存在超速行驶、疲劳驾驶和醉酒驾驶等常见原因。对于这类消费者而言应该更加严格遵守交通规章制度，交通部门对于这类行为要严格处罚，从源头减少此类现象的发生。

4.3.4　伤害部位的分类树

江苏省 2014—2022 年度汽车产品伤害部位中，多部位比例最高，共 12 658 人次，占 27.21%。按汽车小类进行分类：

车载零部件及附件归为一类。该类产品伤害部位中上肢比例最高，共 685 人次，占 30.58%。

大中型客车、小型客车和轿车、汽车挂车、载货汽车归为一类。该类产品伤害部位中多部位比例较高，共 12 472 人次，占 28.16%。进一步在其中将大中型客车归为一类，该类产品伤害部位中头部比例最高，共 286 人次，占 29.04%；其余归为一类，该类产品伤害部位中多部位比例较高，共 12 322 人次，占 27.82%。

伤害部位的分类树见图 4-14。

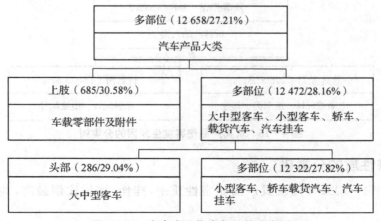

图 4-14　汽车产品伤害部位的分类树

在所有汽车类产品伤害中,消费者受伤部位最多的是全身广泛受伤,尤其是载货汽车、小型汽车和轿车,这类消费者在驾乘汽车时应该检查并系好安全带。

4.3.5 主要结论及消费提示

(1) 大中型客车产品伤害典型模式为本市/县的商业、服务业人员发生机动车车祸,导致头部受伤。

(2) 载货汽车、小型客车和轿车产品伤害典型模式为机动车车祸造成本市/县消费者多部位受伤,消费者主要为生产运输设备操作人员。

(3) 车载零部件及附件产品伤害典型模式为本市/县生产运输设备操作人员多部位受到钝器伤。

消费提示:汽车类产品容易造成机动车车祸,因此生产运输设备操作人员一定要注意使用安全,定期检查保养车辆,商业、服务业人员出门也多注意人身安全,乘坐交通工具最好购买保险。生产运输设备操作人员在自己维修车辆时,需注意车辆零部件及附件产品的使用安全,避免误伤自己。

4.4 玩具产品伤害分类树分析

4.4.1 伤害发生原因的分类树

江苏省 2014—2022 年度玩具产品伤害发生原因中,跌落/坠落比例最高,共 386 人次,占 49.68%。按玩具产品小类进行分类:

电动类玩具、童车类、其他归为一类。该类产品伤害发生原因中跌落/坠落比例最高,共 226 人次,占 52.31%。

弹射玩具、塑胶玩具归为一类。该类产品伤害发生原因中钝器伤比例最高,共 134 人次,占 38.84%。

伤害发生原因的分类树见图 4-15。

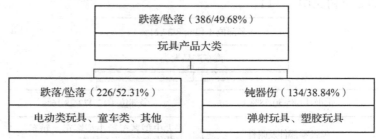

图 4-15 玩具产品伤害发生原因的分类树

4.4.2 伤害性质的分类树

江苏省 2014—2022 年度玩具产品伤害性质中,挫伤、擦伤比例最高,共 458 人次,占

58.94%。按玩具产品小类进行分类：

童车类、塑胶玩具、电动类玩具归为一类。该类产品伤害性质中挫伤、擦伤比例最高，共 256 人次，占 59.81%。

弹射玩具、金属玩具归为一类。该类产品伤害性质中锐器伤、开放伤比例最高，共 128 人次，占 36.68%。

玩具产品伤害性质的分类树见图 4-16。

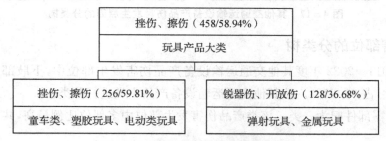

图 4-16　玩具产品伤害性质的分类树

4.4.3　主要结论与消费提示

（1）电动类玩具和童车类产品伤害典型模式为跌落/坠落导致消费者挫伤、擦伤。

消费提示：家长在购置童车类产品时，要查看童车上是否存在危险缝隙、制动装置、折叠或锁定机构是否有效，车架部件是否牢固，行驶是否稳定等，防止婴幼儿跌倒/坠落，避免给婴幼儿造成伤害。发现是由于产品缺陷导致时，应及时与商家联系，同时可向缺陷产品管理中心投诉。

（2）弹射玩具类产品伤害典型模式为锐器伤、开放伤导致儿童受伤的。

消费提示：儿童在使用弹射玩具产品时，由于弹射玩具弹射的功能特点，往往存在不少的安全隐患，家长一定要谨慎选购，以防孩子造成伤害。

4.5　其他交通运输设备产品伤害分类树分析

4.5.1　伤害发生原因的分类树

江苏省 2014—2022 年度其他交通运输设备产品伤害发生原因中，非机动车车祸比例最高，共 74 504 人次，占 79.85%。按其他交通运输设备产品小类进行分类：

摩托车和其他归为一类。该类产品伤害发生原因中机动车车祸比例最高，共 2 409 人次，占 80.11%。

电动车、自行车、助力车及零部件归为一类。该类产品伤害发生原因中非机动车车祸比例最高，共 74 304 人次，占 82.29%。

伤害发生原因的分类树见图 4-17。

图 4-17 其他交通运输设备产品伤害发生原因的分类树

4.5.2 伤害部位的分类树

江苏省 2014—2022 年度其他交通运输设备产品伤害发生部位中,下肢部位比例最高,共 29 119 人次,占 31.21%。按其他交通运输设备产品小类进行分类:

助力车及零部件归为一类。该类产品伤害发生部位中多部位比例最高,共 18 120 人次,占 33.42%。

摩托车和自行车、电动车和其他归为一类。该类产品伤害发生部位中下肢比例最高,共 14 401 人次,占 36.85%。

伤害发生原因部位的分类树见图 4-18。

图 4-18 其他交通运输设备产品伤害部位的分类树

4.5.3 主要结论与消费提示

(1) 电动车产品伤害典型模式为非机动车车祸导致消费者多部位受伤。

消费提示:消费者在驾乘或乘坐电动车时,遇到机动车时应主动让行,尤其在过路口时一定要注意安全,不要抢行,这样才能保证人身安全。当非机动车车祸是由于产品缺陷导致时,应及时与商家联系,同时可向缺陷产品管理中心投诉。

(2) 摩托车产品伤害典型模式为机动车车祸导致消费者下肢受伤。

消费提示:消费者在驾乘或乘坐摩托车时,除加强对于头部的防护措施外,在受伤的过程中要注意下肢的保护。尽可能保持匀速、靠右行驶,减少急加速和突然停车,预防突发事件,遇交叉路口一定要换挡减速慢行,确保安全后通过。当机动车车祸是由于产品缺陷导致时,应及时与商家联系,同时可向缺陷产品管理中心投诉。

(3) 自行车、助力车及零部件产品伤害典型模式为非机动车车祸导致消费者下肢受伤。

消费提示：消费者在驾乘或乘坐自行车、助力车时，应加强对于下肢的防护措施，并且行驶过程中应遵循交通规则，注意行车安全。同时要检查刹车线是否该换。

4.6 家用电器产品伤害分类树

4.6.1 性别的分类树

江苏省2014—2022年度家用电器产品伤害中，男性伤患比例最高，共1 918人次，占56.26%。按家用电器产品小类进行分类：

灯具、家用厨房电器具、家用制冷电器具、家用通风电器具、家用清洁卫生电器具、照明光源归为一类。该类产品伤害中女性伤患比例最高，共378人次，占51.23%。

家用美容、信息技术设备、其他家用电器和电器附件归为一类。该类产品伤害中男性伤患比例最高，共1 483人次，占57.13%。

家用电器产品伤害相关伤患性别的分类树见图4-19。

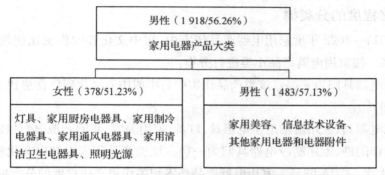

图4-19 家用电器产品伤害相关伤患性别的分类树

在所有家用电器类产品伤害中，受到伤害的消费者主要为女性，这主要是因为女性在家庭中身兼母亲和妻子的双重重要角色，对家庭起着举足轻重的作用，尤其是在家庭每天一日三餐中使用各种厨房设备以及卫生用具时，注意小心使用，以防伤手。

4.6.2 年龄的分类树

江苏省2014—2022年度家用电器产品伤害相关伤患的平均年龄为38.55岁，总共3 409人次。按家用电器产品小类进行分类：

照明光源、灯具、家用通风电器具、家用厨房电器具、信息技术设备、其他家用电器和电器附件归为一类，共2 809人次，该类产品伤害中伤患平均年龄为38.63岁。

家用制冷电器具、家用清洁卫生电器具归为一类，共600人次，该类产品伤害中伤患平均年龄为37.87岁。

伤患年龄的分类树见图4-20。

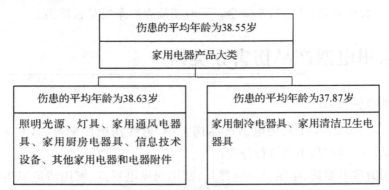

图4-20 家用电器产品伤害相关伤患年龄的分类树

在所有家用电器产品伤害相关伤患中,伤患人群主要集中在39岁左右,这主要是因为青年人刚进入社会,主要精力投入在工作中,而用来做家务活时间相对较少,并且年龄大一些的人群手脚灵活性降低,导致年龄偏大的人群伤患比例变大。

4.6.3 文化程度的分类树

江苏省2014—2022年度家用电器产品伤害中,初中文化程度伤患比例最高,共866人次,占25.40%。按家用电器产品小类进行分类:

家用厨房电器具归为一类。该类产品伤害中高中或中专文化程度伤患比例最高,共178人次,占21.89%。

家用通风电器具、家用清洁卫生电器具、灯具、家用美容、照明光源、信息技术设备、其他家用电器和电器附件、家用制冷电器具归为一类。该类产品伤害中初中文化程度伤患比例最高,共703人次,占27.08%。家用电器产品伤害相关伤患文化程度的分类树见图4-21。

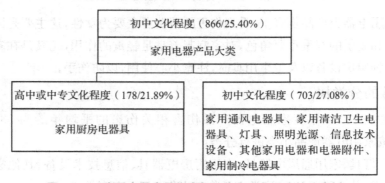

图4-21 家用电器产品伤害相关伤患文化程度的分类树

4.6.4 伤害发生原因的分类树

江苏省2014—2022年度家用电器产品伤害发生原因中,烧烫伤比例最高,共1132人次,占33.21%。按家用电器产品小类进行分类:

灯具、家用制冷电器具、家用美容、信息技术设备归为一类。该类产品伤害发生原因中钝器伤比例最高，为450人次，占47.77%。

家用厨房电器具、照明光源、家用通风电器具、家用清洁卫生电器具、其他家用电器和电器附件归为一类。该类产品伤害发生原因中烧烫伤比例最高，共1 077人次，占43.66%。

伤害发生原因的分类树见图4-22。

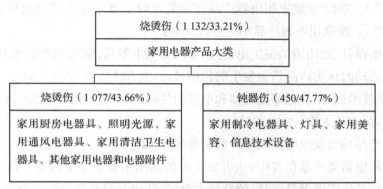

图4-22 家用电器产品伤害发生原因的分类树

在所有家用电器类产品伤害中，发生烧烫伤的比例最高。而对于家用制冷器具、灯具、家用美容和信息技术设备伤害发生原因主要是钝器伤，预防钝器伤应在使用时掌握正确的方法，合理正确使用各种家用电器，从生活中的点滴做起，防患于未然。

4.6.5 伤害发生地点分类树

江苏省2014—2022年度家用电器产品伤害发生地点中，家中比例最高，共2 058人次，占60.37%。按家用电器产品小类进行分类：

家用厨房电器具、家用清洁卫生电器具、信息技术设备、家用制冷电器具、家用通风电器具、照明光源、其他家用电器和电器附件归为一类。该类产品伤害发生在家中的比例最高，共1 999人次，占61.91%。

灯具归为一类。该类产品伤害发生在贸易和服务场所的比例最高，共44人次，占24.44%。

家用电器产品伤害发生地点的分类树见图4-23。

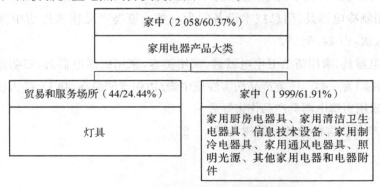

图4-23 家用电器产品伤害发生地点的分类树

在所有家用电器产品伤害中,伤害发生地点主要在家中,在贸易和服务场所伤害产品主要是灯具。国家标准对小家电商品要求列出相应的提示、说明或警示语(如轻拿轻放等),以免造成消费者不能正确使用,导致消费者在使用过程中受到伤害。

4.6.6 伤害发生时活动的分类树

江苏省 2014—2022 年度家用电器产品伤害发生时活动中家务活动比例最高,共 1 200 人次,占 35.77%。按家用电器产品小类进行分类:

家用厨房电器、家用清洁卫生电器具、家用通风电器具、家用制冷电器具,照明光源归为一类。家务活动时该类产品伤害发生的比例最高,共 637 人次,占 45.86%。

灯具、信息技术设备、其他家用电器和电器附件归为一类。休闲活动时该类产品伤害发生的比例最高,为 607 人次,占 30.87%。

家用电器产品伤害发生时活动的分类树见图 4-24。

在所有家用电器类产品伤害中,伤害发生时的活动主要是家务活动。而消费者在休闲活动时主要的产品伤害电器是灯具、信息技术设备、其他家用电器和电器附件。这类小家电商品的结构和外壳应符合国家标准的要求,以保护消费者正常使用。

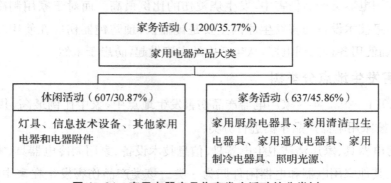

图 4-24 家用电器产品伤害发生活动的分类树

4.6.7 伤害性质的分类树

江苏省 2014—2022 年度家用电器产品伤害性质中,烧烫伤比例最高,共 1 144 人次,占 33.56%。按家用电器产品小类进行分类:

灯具、家用制冷电器具、信息技术设备归为一类。该类产品伤害性质中挫伤/擦伤比例最高,共 490 人次,占 24.56%。

家用通风电器具、家用清洁卫生电器具,家用美容,家用厨房电器具,照明光源,其他家用电器和电器附件归为一类。该类产品伤害性质中烧/烫伤比例最高,共 1 087 人次,占 76.87%。烧烫伤主要由家用厨房电器具产品伤害导致。

家用电器产品伤害性质的分类树见图 4-25。

图 4-25 家用电器产品伤害性质的分类树

4.6.8 伤害部位的分类树

江苏省 2014—2022 年度家用电器产品伤害部位中上肢比例最高,共 1 543 人次,占 45.26%。按家用电器产品小类进行分类:

灯具、家用制冷电器具归为一类。该产品伤害部位中头部比例最高,共 336 人次,占 43.41%。

家用通风电器具、家用清洁卫生电器具、家用厨房电器具、其他家用电器和电器附件、照明光源、信息技术设备归为一类。该类产品伤害部位中上肢受伤比例最高,共 1 353 人次,占 51.35%。

家用电器产品伤害部位的分类树见图 4-26。

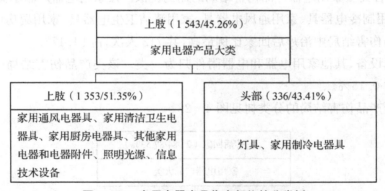

图 4-26 家用电器产品伤害部位的分类树

在所有家用电器产品伤害部位中上肢受伤的比例最高,因为上肢最容易接触各类电器产品,尤其在使用灯具时由于灯具意外掉落导致消费者头部受伤,在使用家用厨房电器具时最容易烫伤,在使用家用制冷电器具特别是电冰箱时容易由于钝器伤而使手部受到伤害。

4.6.9 伤害程度分类树

江苏省 2014—2022 年度家用电器产品伤害严重程度中轻度伤害比例最高,共 2 742 人次,占 80.43%。各类型家用电器产品伤害程度的比例类似。按家用电器产品小类进行分类：

照明光源、灯具、家用制冷电器具、家用清洁卫生电器具、家用通风电器具、家用厨房电器具归为一类。该类产品伤害程度中轻度伤害比例最高，为1 352人次，占84.82%。

信息技术设备、其他家用电器和电器附件归为一类。该类产品伤害严重程度中轻度伤害比例仍然最高，为1 390人，占比降低为76.58%，但重度占比提高为1.60%。

家用电器产品伤害程度的分类树见图4-27。

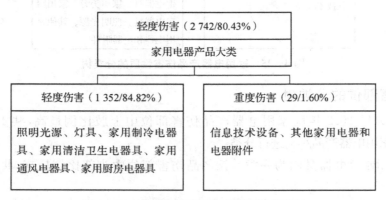

图4-27　家用电器产品伤害程度的分类树

4.6.10　伤害结局分类树

江苏省2014—2022年度家用电器产品伤害结局中治疗后回家比例最高，共2 984人次，占87.53%。各类型家用电器产品伤害结局的比例类似。按家用电器产品小类进行分类：

灯具、家用制冷电器具、家用通风电器具、家用清洁卫生电器具、家用厨房电器具归为一类。该类产品伤害结局中治疗后回家比例最高，共712人次，占91.17%。

信息技术设备、其他家用电器和电器附件归为一类。该类产品伤害结局中死亡比例最高，共4人，占0.15%。

家用电器产品伤害结局的分类树见图4-28。

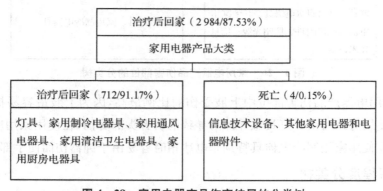

图4-28　家用电器产品伤害结局的分类树

4.6.11 主要结论与消费提示

（1）家用制冷电器具产品伤害的典型模式为在家中休闲活动时,因钝器伤而导致多部位轻度受挫伤、擦伤,以具有高中或中专文化程度的38岁左右女性为主,通常都是治疗后回家。

消费提示:女性消费者在家中使用制冷电器具时,应该特别注意避免钝器伤事件的发生,减少家用制冷电器具在生产、使用过程中对环境和人体健康的影响至关重要。

（2）家用厨房电器具产品伤害典型模式为具有初中文化程度的女性消费者,在家中进行休闲活动时,由于跌倒/坠落造成上肢烫伤等中度伤害,治疗后回家。

消费提示:女性消费者在使用家用厨房电器具时,尽量不要用手直接接触容易烫伤的电器具,避免烫伤事件的发生。

（3）家用清洁卫生电器具产品伤害典型模式为具有初中文化程度的女性消费者,在家中进行休闲活动时由于跌倒/坠落,导致上肢受到挫伤或擦伤伤害,程度较轻,治疗后回家。

消费提示:女性消费者在使用家用清洁卫生电器具时,应特别注意避免跌倒/坠落事件的发生。

（4）信息技术设备产品伤害典型模式为具有高中或中专文化程度的中年男性消费者,在家中进行休闲活动时,因钝器伤等原因而导致多部位受到挫伤、擦伤,程度较轻,治疗后回家。

消费提示:信息技术设备产品对消费者造成轻度伤害的可能性较大,应加强对此类产品质量安全的警示。

（5）照明光源产品伤害典型模式为具有高中或中专文化程度的女性消费者在家中进行休闲活动,由于跌倒/坠落导致上肢受到烧烫伤,也有死亡的案例。

消费提示:具有高中或中专文化程度、在家中的消费者使用照明光源时应避免烫伤,更要避免受到电击,所以家中应安装相关的安全装置。

4.7 家用日用品伤害分类树分析

4.7.1 伤害发生原因的分类树

江苏省2014—2022年度家用日用品产品伤害发生原因中刀/锐器伤比例最高,共20 348人次,占57.25%。按家用日用品产品小类进行分类:

第1类:手工工具、日用陶瓷制品归为一类。该类产品伤害发生原因中刀/锐器伤比例最高,共17 304人次,占85.62%。

第1.1类:手工工具归为一类。该类产品伤害发生原因中刀/锐器伤比例最高,共16 443人次,占91.58%。

第1.2类:日用陶瓷制品归为一类。该类产品伤害发生原因中跌倒/坠落比例最高,共876人次,占38.83%。

第2类：五金制品、日用杂品为一类。该类产品伤害发生原因中钝器伤比例最高，共8 495人次，占55.41%。

家用日用品产品伤害发生原因的分类树见图4-29。

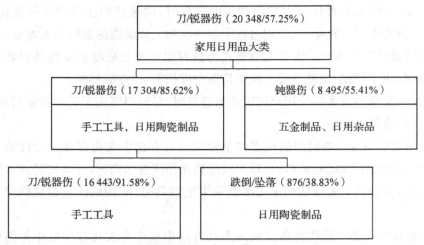

图4-29 家用日用品产品伤害发生原因的分类树

在所有家用日用品产品伤害原因中，伤害发生原因主要是刀/锐器伤，尤其是手工工具类产品发生比例最高。

4.7.2 伤害性质的分类树

江苏省2014—2022年度家用日用品产品伤害性质中锐器伤、开放伤比例最高，共21 283人次，占59.88%。按家用日用品产品小类进行分类：

手工工具、日用陶瓷制品归为一类。该类产品伤害性质中锐器伤、开放伤比例最高，共17 174人次，占84.98%。

五金制品、日用杂品归为一类。该类产品伤害性质中挫伤、擦伤比例最高，共7 185人次，占46.87%。

家用日用品产品伤害性质的分类树见图4-30。

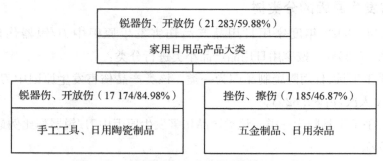

图4-30 家用日用品产品伤害性质的分类树

在所有家用日用品类产品伤害性质中,锐器伤、开放伤出现的比例最高,这主要发生在手工工具、五金制品、日用塑料和日用陶瓷制品类产品中,而眼镜、日用橡胶制品和日用杂品的伤害性质主要是挫伤、擦伤。

4.7.3 伤害部位的分类树

江苏省 2014—2022 年度家用日用产品伤害部位中上肢比例最高,共 22 221 人次,占 62.52%。按家用日用品产品小类进行分类:

日用杂品归为一类。该类产品伤害部位中头部比例最高,共 3 527 人次,占 37.44%。

手工工具、五金制品、日用陶瓷制品归为一类。该类产品伤害部位中上肢比例最高,共 19 867 人次,占 76.06%。

家用日用品产品伤害部位的分类树见图 4-31。

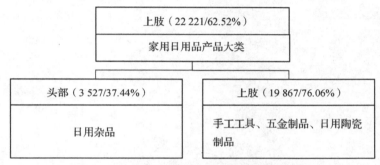

图 4-31 家用日用品产品伤害部位的分类树

在所有家用日用品产品伤害部位中,由于上肢是经常接触到家用日用品的部位,所以最容易受伤,尤其是手工工具、五金制品类产品。对于眼镜来说,主要是眼睛角膜受伤,而对于日用化学制品主要是化学药品溅入眼睛导致消费者受伤。

4.7.4 主要结论与消费提示

(1) 手工工具、五金制品和日用陶瓷制品类产品伤害典型模式为刀/锐器伤导致消费者上肢受伤。

消费提示:消费者在使用手工工具、五金制品和日用陶瓷制品时,尤其在使用各种刀类器具时,应加强对于可能造成刀/锐器伤产品的预防措施,如使用时佩戴手套或其他防护工具等。

(2) 眼镜、日用化学制品伤害典型模式为锐器伤、开放伤导致消费者头部受伤。

消费提示:消费者在使用眼镜时,应该小心谨慎,尽量避免不必要的挫伤、擦伤,避免使自己眼部受伤。

(3) 日用橡胶制品、日用杂品产品伤害典型模式为钝器伤造成消费者挫伤、擦伤,受伤部位主要集中在上肢。

消费提示:消费者在使用日用橡胶制品、日用杂品时,应注意预防可能导致上肢受到钝器伤的产品。

第五章
产品伤害风险评价与技术分析初步探讨

基于2014—2022年度有效产品伤害监测数据,参考对产品伤害风险进行评价的"FRS分析范式",构建产品伤害预警等级评价与风险分析模型,进行产品伤害预警与风险分析。由于数据质量与数据项限制,本报告研究结论仅作为对产品伤害风险评价的初步探讨。随着数据质量的不断提高与数据项的不断完善,将对产品伤害风险评价模型与技术进行不断修正和完善。因此,本报告分析结论仅供参考。

5.1 产品伤害风险评价方法

通过对危险评价方法进行专题研究,选择借鉴信用卡分析思路,以"潜在的伤害严重性"与"发生伤害的可能性"为核心,建立对产品伤害风险进行评价的"FRS分析范式",其中,F表示单位时期内发生伤害的频次,R表示最后一次伤害距离分析日的时间间隔,S表示潜在的伤害严重性,即伤害的严重程度。

1. 伤害严重程度S的计算

根据全国产品伤害检测报告卡,伤害严重程度(VC_SHYZCD)包括三个取值:1=轻度、2=中度、3=重度,属于有序分类变量,原则上不能直接加总,即使统计了不同伤害程度的伤害次数,也难以进行比较。

为此,将伤害严重程度(VC_SHYZCD)分解为三个变量:

$$S_1 = \begin{cases} 1 & \text{为重度伤害} \\ 0 & \text{其他} \end{cases}$$

$$S_2 = \begin{cases} 1 & \text{为中度伤害} \\ 0 & \text{其他} \end{cases}$$

$$S_3 = \begin{cases} 1 & \text{为轻度伤害} \\ 0 & \text{其他} \end{cases}$$

如果S_1和S_2同时取0,表示轻度伤害。原则上不需要使用其他示性变量来记录轻度伤害;但考虑到可能出现数据缺失,以及分析建模时涉及矩阵的构造要求,仍然生成了第三个虚拟变量S_3;在数据分析的过程中,如果需要用到矩阵的逆矩阵时,默认只采用S_3和S_2进行分析。

2. 最后一次伤害间隔R的计算

最后一次产品伤害到分析日(2022年12月31日)的时间间隔。

3. 伤害次数F的计算

以VC_WP1_LBDM(产品1分类编码为分析对象),以2022年12月31日作为R的计算起点(分析日),设定分析时期间隔为30天,对最后一次产品伤害,倒推30天计算相应的F_1, R_1, S_1, S_2, S_3;对倒数第二次产品伤害,倒推30天计算相应的$F_{1-2}, R_{1-2}, S_{1-2}, S_{2-2}, S_{3-2}$;对倒数第三次产品伤害,倒推30天计算相应的$F_{1-3}, R_{1-3}, S_{1-3}, S_{2-3}, S_{3-3}$。

4. 判断标准

判断最后一次产品伤害、倒数第二次产品伤害和倒数第三次产品伤害,倒推30天后的伤害次数 F_1、F_{1-2} 和 F_{1-3} 之间是否有较大的差异,分别用倒数第二次伤害的数据 F_{1-2},R_{1-2},S_{1-2},S_{2-2},S_{3-2} 和倒数第三次产品伤害的数据 F_{1-3},R_{1-3},S_{1-3},S_{2-3},S_{3-3},与最后一次产品伤害的数据 F_1,R_1,S_1,S_2,S_3 进行比较(只比较次数频率 F):

(1) 如果 $F_2 < 5$,差异 100%。
(2) 如果 $5 \leq F_2 < 10$,差异 50%。
(3) 如果 $F_2 > 10$,差异 20%。

那么就用这组数据作为最终的 FRS 数据 F,R,S_{01},S_{02},S_{03}。

如果三组数据(最后一次、倒数第二次、倒数第三次产品伤害)中,只要有一组数据中 S_{01} 非缺失(即出现严重伤害),S_{01} 一定取三组数据中的最大值。这也意味着,只要有一次严重伤害,该产品都需要警示。

5.2 产品伤害预警等级评价方法

产品伤害预警等级以产品伤害的警示分数为基础,根据产品伤害警示分数,对产品进行不同等级的预警:

(1) 红色预警:产品伤害警示分数不低于90分。
(2) 橙色预警:产品伤害警示分数低于90分,但不低于80分。
(3) 黄色预警:产品伤害警示分数低于80分,但不低于70分。
(4) 蓝色预警:产品伤害警示分数低于70分,但不低于0分。

产品伤害警示分数的计算过程如下:

采用主成分分析方法,使用 SPSS 统计软件对指标得分数据进行主成分分析,并进行特征值分解,按照 F,R,S_{02},S_{03} 向量组各向量的特征值大小对各指标分配权重。权重的确定公式为:

$$\omega_j = \frac{\lambda_j}{\sum_{j=1}^{4} \lambda_j}, j=1,2,3,4 \tag{5.1}$$

其中:λ_j 是第 j 个因子的特征根;ω_j 是第 j 个因子的权数。

协方差矩阵的特征值如表 5-1 所示。表 5-1 数据表明,选择第一个特征值构建总指标,足以解释总方差的 99.643%,这说明计算总得分已经提取了原始变量中足够多的信息。

表 5-1 协方差矩阵的特征值

	特征值	差值	比例	累积
1	1 738 342.50	1 733 283.84	0.996 4	0.996 4

续表

	特征值	差值	比例	累积
2	5 058.67	3 905.98	0.002 9	0.999 3
3	1 152.68	1 143.82	0.000 7	0.999 9

表 5-2 数据表明，第一主成分与理论分析结论基本一致，即意外伤害的次数(F)是正向指标，伤害次数越多，越应该警示；最后一次伤害与分析日之间的时间间隔(R)为逆向指标，最后一次伤害距离分析日越近，说明伤害近期频繁发生，越应该警示；中度伤害(S_{02})和重度伤害(S_{03})均为正向指标，中度伤害和重度伤害次数越多，越应该警示。

表 5-2 特征向量

	Prin 1	Prin 2	Prin 3	Prin 4
F	0.778 242	0.001 012	0.297 309	−0.553 227
R	−0.006 218	0.999 925	0.010 721	−0.001 008
S_{02}	0.165 990	−0.006 285	0.752 080	0.637 874
S_{03}	0.605 597	0.010 686	−0.588 080	0.536 096

综上，按照加权平均的方法计算警示指数的公式为：

$$I_i = \sum_{j=1}^{5}(W_j \times VAR_{ij}) \tag{5.2}$$

式中：I_i 表示产品的警示指数；W_j 表示第 j 个指标（变量）对应的权重；VAR_{ij} 表示第 j 个指标的得分。

在产品伤害分析中，警示分数为：

$$I = \omega_1 \cdot F_{标} + \omega_2 \cdot R_{标} + W \cdot S_{01标} + \omega_3 \cdot S_{02标} + \omega_4 \cdot S_{03标} \tag{5.3}$$

式中，权重 W 设定为 1，那么对应的警示指数公式为：

$$I = 0.778\ 242 \cdot F_{标} - 0.006\ 218 \cdot R_{标} + 1 \cdot S_{01标} + 0.165\ 990 \cdot S_{02标} + 0.605\ 597 \cdot S_{03标} \tag{5.4}$$

式中：$F_{标}$、$R_{标}$、$S_{01标}$、$S_{02标}$、$S_{03标}$ 分别是经过标准化处理后的 F、R、S_{01}、S_{02}、S_{03}。

警示指数数值可能取到足够大，也可能非常小，不同组数据不便直接比较。考虑使用功效函数法来计算最后警示分数值 SC，警示分值分布于 $(0, 100)$ 内，便于警示得分的比较。

$$SC_i = \frac{e^{I_i}}{1+e^{I_i}} \times 100\% \tag{5.5}$$

研究选择的功效函数为：

$$f(x) = \frac{e^x}{1+e^x} \tag{5.6}$$

该测度满足如下性质：

(1) 单调性：

$$f'(x)=\frac{e^x}{(1+e^x)^2}>0$$

(2) 凸性：

$$f''(x)=\frac{e^x(e^{2x}-1)}{(1+e^x)^2}$$

当 $x>0$ 时，$f''(x)>0$；

当 $x<0$ 时，$f''(x)<0$；

当 $x=0$ 时，$f''(x)=0$，为拐点。

因此，使用此函数对于警示指数的度量是比较一致的度量。

5.3 产品伤害风险预警与风险因素分析

5.3.1 风险评价与预警

1. 有效产品伤害的风险评价与预警

如表5-3所示，从总体上看，江苏省2014—2022年度最后一次产品伤害到分析日的平均间隔为73.47天，平均伤害次数为551.23次，平均重度伤害次数为5.71次，平均中度伤害次数为119.78次，平均轻度伤害次数为425.75次，平均警示分数为69.90分。

表5-3 江苏省2014—2022年度总体伤害警示分数描述性统计

变量	标签	N	均值	标准差	最小值	最大值
R	伤害间隔	59	73.47	121.70	13.60	595.00
F	伤害频次	59	551.23	1 744.42	1.70	11 218.30
S_{01}	重度伤害	59	5.71	18.93	0.00	130.90
S_{02}	中度伤害	59	119.78	374.60	0.00	2 271.20
S_{03}	轻度伤害	59	425.75	1 357.81	0.00	8 885.90
SC	警示得分	59	69.90	29.73	52.14	170.00

江苏省2014—2022年度产品伤害的产品大类警示分数如表5-4所示。

表5-4 产品大类警示分数描述性统计

序号	产品大类	F	S_{01}	S_{02}	S_{03}	SC
1	农、林、牧、渔产品	89.54	1.14	13.60	74.80	58.40
2	食品、饮料、食品相关产品	270.30	6.80	77.06	186.44	77.01
3	纺织品、服装(饰)、鞋帽	124.10	1.14	27.20	95.76	59.55

续表

序号	产品大类	F	S_{01}	S_{02}	S_{03}	SC
4	皮革、毛皮、羽毛(绒)及其制品,木、竹、藤、棕、草制品,纸及其制品	324.14	2.26	76.50	245.36	69.70
5	家具	520.76	2.84	104.84	413.10	77.64
6	文教体育用品	470.34	0.56	92.36	377.40	71.09
7	家用日用品	579.07	2.55	137.28	439.25	72.66
8	汽车	1 323.16	27.49	321.01	974.66	90.97
9	其他交通运输设备	3 413.18	23.38	679.15	2 710.65	120.26
10	儿童玩具及用品	17.24	0.00	1.46	15.79	53.45
11	家用电器	41.82	0.85	7.65	33.32	56.19
12	其他产品	60.35	0.85	10.76	48.74	56.70

表5-4统计数据表明,江苏省2014—2022年度警示分数排名前五位的产品大类是:① 其他交通运输设备,平均警示分数为120.26;② 汽车,平均警示分数为90.97;③ 家具,平均警示分数为77.64;④ 食品、饮料、食品相关产品,平均警示分数为77.01;⑤ 家用日用品,平均警示分数为72.66。

产品大类警示分数分布如图5-1所示。

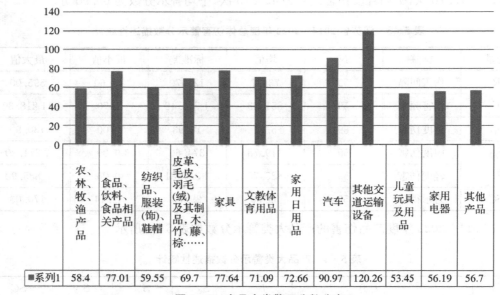

图5-1 产品大类警示分数分布

产品大类伤害出现平均频次分布如图5-2所示。江苏省2014—2022年度产品伤害出现频次排名前五位的产品大类为:① 其他交通运输设备,产品伤害平均出现频次为3 413.18

次;② 汽车,产品伤害平均出现频次为 1 323.16 次;③ 家用日用品,产品伤害平均出现频次为 579.07 次;④ 家具,产品伤害平均出现频次为 520.76 次;⑤ 文教体育用品,产品伤害平均出现频次为 470.34 次。

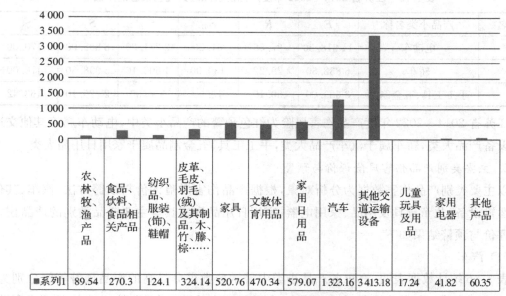

图 5-2　产品大类伤害出现平均频次分布

产品大类重度伤害平均人次分布如图 5-3 所示。江苏省 2014—2022 年度重度伤害人次排名前五位的产品大类为:① 汽车,平均重度伤害次数为 27.49 人次;② 其他交通运输设备,平均重度伤害次数为 23.38 人次;③ 食品、饮料、食品相关产品,平均重度伤害次数为 6.8 人次;④ 家具,平均重度伤害次数为 2.84 人次;⑤ 家用日用品,平均重度伤害次数为 2.55 人次。

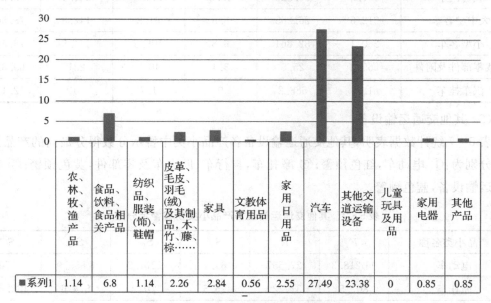

图 5-3　产品大类重度伤害平均人次分布

以江苏省2014—2022年度有效产品伤害数据为分析对象,根据警示分数的计算公式,计算江苏省2014—2022年度产品警示分数,产品伤害风险为红色预警的产品如表5-5所示。

表5-5 江苏省2014—2022年度产品伤害风险为红色预警的产品

排名	产品小类名称	F	R	S_{01}	S_{02}	S_{03}	SC
1	电动车	11 218.30	27.56	61.20	2 271.20	8 885.90	170.00
2	轿车	6 832.30	29.22	130.90	1 603.10	5 098.30	170.00
3	手工工具、五金制品	3 689.00	30.19	13.60	950.30	2 725.10	163.42

江苏省2014—2022年度产品伤害风险为红色预警的产品小类中,电动车属于其他交通运输设备产品大类,轿车属于汽车产品大类,手工工具、五金制品属于家用日用品大类。

2. 主要类别产品伤害风险评价与预警

以主要类别产品伤害数据为分析对象,根据产品伤害风险评价与预警方法,汽车、其他交通运输设备、儿童玩具及用品、家用电器、家用日用品和家具等主要产品类别的产品伤害风险评价与预警结果如下。

(1)汽车

表5-6统计数据表明,汽车各产品小类中警示分数得分最高的产品预警等级分别为:① 轿车,红色预警;② 载货汽车、大中型客车、小型客车、车载零部件及附件、汽车挂车,蓝色预警。

表5-6 汽车产品小类伤害警示分数

产品小类名称	F	R	S_{01}	S_{02}	S_{03}	SC
轿车	6 832.3	29.223	130.9	1 603.1	5 098.3	170
载货汽车	367.2	29.325	15.3	110.5	241.4	99.348
大中型客车	212.5	26.265	8.5	61.2	142.8	78.506
小型客车	260.1	32.861	6.8	108.8	144.5	76.517
车载零部件及附件	265.2	25.5	3.4	40.8	221	69.326
汽车挂车	1.7	588.2	0	1.7	0	52.156

(2)其他交通运输设备

表5-7统计数据表明,其他交通运输设备各产品小类中警示分数得分最高的产品预警等级分别为:① 电动车,红色预警;② 摩托车,自行车、助力车及零部件,黄色预警;③ 其他交通运输设备,蓝色预警。

表5-7 其他交通运输设备产品小类伤害警示分数

产品小类名称	F	R	S_{01}	S_{02}	S_{03}	SC
电动车	11 218.3	27.557	61.2	2271.2	8 885.9	170
摩托车	807.5	31.229	25.5	207.4	574.6	132.651

续表

产品小类名称	F	R	S_{01}	S_{02}	S_{03}	SC
自行车、助力车及零部件	1 603.1	32.011	5.1	229.5	1 368.5	121.159
其他交通运输设备	23.8	44.2	1.7	8.5	13.6	57.222

（3）玩具

表5-8统计数据表明，玩具各产品小类中警示分数得分最高的产品预警等级分别为：童车类、塑胶玩具、弹射玩具、电动玩具、儿童用品、木制玩具、金属玩具，蓝色预警。

表5-8 儿童玩具及用品产品小类伤害警示分数

产品小类名称	F	R	S_{01}	S_{02}	S_{03}	SC
童车类	49.3	47.6	0	3.4	45.9	54.723
塑胶玩具	35.7	68.85	0	1.7	34	54.23
弹射玩具	13.6	15.3	0	0	13.6	53.618
电动玩具	8.5	127.5	0	1.7	6.8	53.227
儿童用品	6.8	124.1	0	3.4	3.4	53.176
木制玩具	5.1	204	0	0	5.1	52.972
金属玩具	1.7	595	0	0	1.7	52.139

（4）家用日用品

表5-9统计数据表明，家用日用品各产品小类中警示分数得分最高的产品预警等级分别为：① 手工工具、五金制品，红色预警；② 日用塑料、日用杂品、日用陶瓷制品、眼镜、日用橡胶制品、日用化学制品、一次性纸卫生用品，蓝色预警。

表5-9 家用日用品产品小类伤害警示分数

产品小类名称	F	R	S_{01}	S_{02}	S_{03}	SC
手工工具、五金制品	3 689	30.192	13.6	950.3	2 725.1	163.421
日用塑料	323	30.6	3.4	69.7	249.9	71.434
日用杂品	348.5	32.912	0	51	297.5	65.076
日用陶瓷制品	161.5	28.696	1.7	11.9	147.9	61.999
眼镜	45.9	76.5	1.7	1.7	42.5	57.902
日用橡胶制品	39.1	40.239	0	8.5	30.6	54.4
日用化学制品	23.8	13.6	0	5.1	18.7	53.941
一次性纸卫生用品	1.7	61.2	0	0	1.7	53.142

（5）家用电器

表5-10统计数据表明，家用电器各产品小类中警示分数得分最高的产品预警等级分

别为：其他家用电器和电器附件、家用清洁卫生电器具、家用厨房电器具、家用制冷电器具、家用通风电器具、信息技术设备、家用视听设备、灯具、照明光源、家用美容，蓝色预警。

表 5-10　家用电器产品小类伤害警示分数

产品小类名称	F	R	S_{01}	S_{02}	S_{03}	SC
其他家用电器和电器附件	57.8	37.06	3.4	6.8	47.6	61.846
家用清洁卫生电器具	28.9	27.2	3.4	3.4	22.1	60.86
家用厨房电器具	119	38.369	1.7	34	83.3	60.503
家用制冷电器具	68	67.15	0	8.5	59.5	55.301
家用通风电器具	56.1	27.2	0	11.9	44.2	54.995
信息技术设备	42.5	23.8	0	8.5	34	54.536
家用视听设备	15.3	28.9	0	1.7	13.6	53.635
灯具	15.3	85	0	1.7	13.6	53.533
照明光源	10.2	62.9	0	0	10.2	53.414
家用美容	5.1	37.4	0	0	5.1	53.295

（6）家具

表 5-11 统计数据表明，家用电器各产品小类中警示分数得分最高的产品预警等级分别为：家用家具、办公家具、其他家具，蓝色预警。

表 5-11　家具产品小类伤害警示分数

产品小类名称	F	R	S_{01}	S_{02}	S_{03}	SC
家用家具	1 412.7	32.572	6.8	292.4	1 113.5	118.286
办公家具	85	34.561	1.7	13.6	69.7	59.33
其他家具	64.6	31.025	0	8.5	56.1	55.267

5.3.2　风险因素分析

对于产品伤害，取值非负，传统回归分析往往基于正态分布假定，对于分析产品伤害并不适合。根据描述性统计分析和绘制 Quantile-Quantile 图，认为产品伤害数据利用 Gamma 分布来拟合是合适的，因此本报告对风险评价结果建立广义线性模型，作为产品伤害技术分析模型：

$$y = g^{-1}(Xb) + \varepsilon \tag{5.7}$$

其中：扰动项 ε 满足 Gamma 分布；X 是产品伤害相关特征构成的设计矩阵。

1. 产品大类风险分析

以产品大类、性别、年龄、文化程度、职业、伤害发生原因、伤害发生地点、伤害发生时活动、伤害部位、伤害性质、伤害结局、伤害时间为变量建模，第Ⅲ类似然比（LR）统计量如表

5-12所示。表5-12数据表明,在0.1的显著性水平下,产品大类、性别、年龄、文化程度、职业、伤害发生原因、伤害发生地点、伤害发生时活动、伤害部位、伤害性质、伤害结局、伤害时间对于产品伤害的影响都非常显著。

表5-12 似然比(LR)统计量

源	自由度	卡方	Pr>卡方
VC_XB	1	6.596	0.016 3
NB_NL	1	7.973	0.164 7
VC_WHCD	5	176.188	<0.000 1
VC_ZY	12	107.576	<0.000 1
VC_SHFSYY	14	54.162	<0.000 1
VC_SHFSDD	9	164.271	<0.000 1
VC_SHFSSHD	6	117.912	<0.000 1
VC_SHBW	11	134.266	<0.000 1
VC_SHXZ	8	4 827.575	<0.000 1
VC_SHJJ	4	19 615.535	<0.000 1
DLBM	11	844.441	<0.000 1
month	12	63.852	<0.000 1

广义线性模型参数估计结果如表5-13所示。

表5-13 参数估计

参数	参数估计						
	B	标准误差	95% Wald 置信区间		假设检验		
			下限	上限	Wald 卡方	df	Sig.
(截距)	.03	3.100 2	39.224	51.373	.000	1	.839
[VC_XB=1]	5.093	2.395 8	.397	9.789	4.519	1	.046
[VC_XB=2]	0	0	0	0	0	.	.
[NB_NL]	0	0	0	0	0	.	.
[VC_WHCD=1]	22.250	5.164 1	22.250	22.250	0	1	.946
[VC_WHCD=2]	28.870	8.724 6	−28.870	−28.870	0	1	.285
[VC_WHCD=3]	33.320	6.937 1	33.320	33.320	0	1	.852
[VC_WHCD=4]	20.510	6.527 2	20.510	20.510	0	1	.629
[VC_WHCD=5]	33.020	10.516 2	33.020	33.020	0	1	.494
[VC_WHCD=6]	0	0	0	0	0	.	.
[VC_ZY=1]	−3.310	7.548 9	−18.106	11.486	.192	1	.661

续表

参数	参数估计				假设检验		
	B	标准误差	95% Wald 置信区间		Wald 卡方	df	Sig.
			下限	上限			
[VC_ZY=2]	−4.748	5.958 9	−16.427	6.931	.635	1	.426
[VC_ZY=3]	−4.803	5.470 4	−15.525	5.919	.771	1	.380
[VC_ZY=4]	−.678	7.200 6	−14.790	13.435	.009	1	.925
[VC_ZY=5]	7.577	5.521 8	−3.246	18.400	1.883	1	.170
[VC_ZY=6]	−6.479	4.540 8	−15.379	2.421	2.036	1	.154
[VC_ZY=7]	−2.590	6.713 6	−15.748	10.568	.149	1	.700
[VC_ZY=8]	.547	4.664 7	−8.596	9.689	.014	1	.907
[VC_ZY=9]	−3.175	4.508 4	−12.011	5.662	.496	1	.481
[VC_ZY=10]	46.280	6.495 1	33.550	59.010	50.771	1	.051
[VC_ZY=12]	0	0	0	0	0	.	.
[month=1]	−15.158	7.714 2	−30.278	−.038	3.861	1	.049
[month=2]	−7.715	6.659 8	−20.768	5.337	1.342	1	.247
[month=3]	−10.662	6.435 4	−23.275	1.951	2.745	1	.098
[month=4]	−10.773	6.342 2	−23.203	1.658	2.885	1	.089
[month=5]	−10.464	7.006 0	−24.196	3.267	2.231	1	.135
[month=6]	−15.775	6.610 0	−28.731	−2.820	5.696	1	.017
[month=7]	−20.683	6.375 5	−33.179	−8.187	10.524	1	.001
[month=8]	−3.009	8.097 6	−18.880	12.862	.138	1	.710
[month=9]	−16.561	7.029 7	−30.339	−2.783	5.550	1	.018
[month=10]	−4.882	6.838 3	−18.284	8.521	.510	1	.475
[month=11]	−10.145	6.681 6	−23.240	2.951	2.305	1	.129
[month=12]	0	0	0	0	0	.	.
[VC_SHFSYY=1]	18.674	11.413 4	−3.696	41.044	2.677	1	.102
[VC_SHFSYY=3]	7.578	6.847 6	−5.843	20.999	1.225	1	.268
[VC_SHFSYY=4]	5.953	7.493 2	−8.734	20.639	.631	1	.427
[VC_SHFSYY=6]	4.793	7.053 2	−9.031	18.618	.462	1	.497
[VC_SHFSYY=13]	−3.903	9.062 1	−21.664	13.859	.185	1	.667
[VC_SHFSYY=14]	0	0	0	0	0	.	.
[VC_SHFSDD=1]	−2.360	4.295 5	−10.779	6.059	.302	1	.000
[VC_SHFSDD=2]	−10.750	3.582 9	−17.772	−3.728	9.002	1	.583
[VC_SHFSDD=3]	−10.070	4.163 2	−18.230	−1.910	5.851	1	.003
[VC_SHFSDD=4]	25.131	4.370 8	16.565	33.698	33.061	1	.016

续表

参数	参数估计					
	B	标准误差	95% Wald 置信区间		假设检验		
			下限	上限	Wald 卡方	df	Sig.
[VC_SHFSDD=5]	−3.789	2.548 4	−8.783	1.206	2.210	1	.000
[VC_SHFSDD=6]	3.209	10.702 5	−17.767	24.186	.090	1	.764
[VC_SHFSDD=7]	−8.508	11.662 8	−31.367	14.350	.532	1	.466
[VC_SHFSDD=8]	−4.462	11.589 0	−27.177	18.252	.148	1	.700
[VC_SHFSDD=10]	0	0	0	0	0	.	.
[VC_SHFSSHD=1]	−3.617	4.675 4	−8.722	1.267	1.952	1	.127
[VC_SHFSSHD=2]	−11.042	4.648 4	−20.153	−1.931	5.643	1	.018
[VC_SHFSSHD=4]	−3.480	2.664 1	−8.701	1.741	1.706	1	.191
[VC_SHFSSHD=5]	−3.989	4.207 5	−12.235	4.258	.899	1	.343
[VC_SHFSSHD=7]	0	0	0	0	0	.	.
[VC_SHBW=1]	13.638	6.570 4	.637	26.306	4.207	1	.040
[VC_SHBW=2]	3.704	6.639 6	−9.968	16.539	.213	1	.584
[VC_SHBW=3]	0	0	0	0	0	.	.
[VC_SHXZ=1]	−3.419	2.560 7	−8.438	1.600	1.782	1	.182
[VC_SHXZ=2]	11.513 0	10.573 3	−12.958	33.784	.875	1	.360
[VC_SHXZ=3]	−4.429	1.691 2	−7.744	−1.115	6.860	1	.009
[VC_SHXZ=4]	9.402	5.395 7	−7.247	34.955	1.064	1	.306
[VC_SHXZ=6]	0	0	0	0	0	.	.
[VC_SHJJ=1]	0	0	0	0	0	.	.
[VC_SHJJ=2]	0	0	0	0	0	.	.
(刻度)	.002b	.0008	.001	.004			.002bc

通过参数估计结果可知：

（1）从性别角度而言，"男性"风险得分高于"女性"。

（2）从文化程度而言，"小学、初中、大专以上文化程度"的伤患风险得分较高，"文盲半文盲、高中和中专、大学以上文化程度"的伤患风险得分较低。

（3）从职业角度而言，"生产运输设备操作人员"和"离退休人员"风险得分高于其他人，"商业、服务业"伤患风险得分最低。

（4）从伤害发生原因角度而言，"机动车车祸"对风险得分的影响最大，其次是"跌倒/坠落"，对风险得分影响最小的是"其他"。

（5）从伤害发生地点角度而言，"工业和建筑场所"对风险得分影响最大，其次是"体育和运动场所"和"公路/街道"，对风险得分影响最小的是"家中"。

（6）从伤害发生时活动角度而言，对风险得分影响最大的是"有偿工作"，其次是"驾乘交通工具"和"体育活动","休闲活动"和"家务/学习"对风险得分的影响较小。

(7) 从伤害部位角度而言,对风险得分影响最大的是"头部",对风险得分影响较小的是"上肢"。

(8) 从伤害性质角度而言,对风险得分影响最大的是"扭伤/拉伤",其次是"挫伤/擦伤",对风险得分影响较小的是"锐器伤/开放伤"和"骨折"。

(9) 从伤害时间角度而言,"7 月"对风险得分影响最大,其次是"1 月",对风险得分影响最小的是"8 月"。

2. 产品小类风险分析

以产品小类、性别、年龄、文化程度、职业、伤害发生原因、伤害发生地点、伤害发生时活动、伤害部位、伤害性质、伤害结局、伤害时间为变量建模,第Ⅲ类似然比(LR)统计量如表5-14 所示。

表 5-14 似然比(LR)统计量

源	自由度	卡方	Pr>卡方
VC_XB	1	6.715	0.011 7
NB_NL	1	8.432	0.073 5
VC_WHCD	5	175.882	<0.000 1
VC_ZY	12	108.562	<0.000 1
VC_SHFSYY	14	53.21	<0.000 1
VC_SHFSDD	9	163.625	<0.000 1
VC_SHFSSHD	6	117.912	<0.000 1
VC_SHBW	11	134.266	<0.000 1
VC_SHXZ	8	4 827.575	<0.000 1
VC_SHJJ	4	18 391.518	<0.000 1
XLBM	93	832.541	<0.000 1
month	12	67.422	<0.000 1

表5-14 数据表明,在 0.1 的显著性水平下,产品小类、性别、年龄、文化程度、职业、伤害发生原因、伤害发生地点、伤害发生时活动、伤害部位、伤害性质、伤害结局、伤害时间对于产品伤害的影响都非常显著。

表 5-15 参数估计

参数	B	标准误差	95% Wald 置信区间		假设检验		
			下限	上限	Wald 卡方	df	Sig.
(截距)	.221	18.955 4	−36.931	37.373	.000	1	.991
[VC_XB=1]	5.093	2.395 8	.397	9.789	4.519	1	.034

续表

参数	B	标准 误差	95% Wald 置信区间		假设检验		
			下限	上限	Wald 卡方	df	Sig.
[VC_XB=2]	0	0	0	0	0	.	.
[NB_NL]	0	0	0	0	0	.	.
[VC_WHCD=1]	−9.279	7.5162	−24.011	5.452	1.524	1	.217
[VC_WHCD=2]	−.081	7.3648	−14.516	14.354	.000	1	.991
[VC_WHCD=3]	−.486	6.1370	−12.514	11.543	.006	1	.937
[VC_WHCD=4]	−1.543	6.9190	−15.104	12.018	.050	1	.823
[VC_WHCD=5]	−7.349	9.1829	−25.347	10.649	.640	1	.424
[VC_WHCD=6]	0	0	0	0	0	.	.
[VC_ZY=1]	−3.310	7.5489	−18.106	11.486	.192	1	.661
[VC_ZY=2]	−4.748	5.9589	−16.427	6.931	.635	1	.426
[VC_ZY=3]	−4.803	5.4704	−15.525	5.919	.771	1	.380
[VC_ZY=4]	−.678	7.2006	−14.790	13.435	.009	1	.925
[VC_ZY=5]	7.577	5.5218	−3.246	18.400	1.883	1	.170
[VC_ZY=6]	−6.479	4.5408	−15.379	2.421	2.036	1	.154
[VC_ZY=7]	−2.590	6.7136	−15.748	10.568	.149	1	.700
[VC_ZY=8]	.547	4.6647	−8.596	9.689	.014	1	.907
[VC_ZY=9]	−3.175	4.5084	−12.011	5.662	.496	1	.481
[VC_ZY=10]	13.466	6.9066	−.071	27.003	3.801	1	.051
[VC_ZY=12]	0	0	0	0	0	.	.
[month=1]	−15.158	7.7142	−30.278	−.038	3.861	1	.049
[month=2]	−7.715	6.6598	−20.768	5.337	1.342	1	.247
[month=3]	−10.662	6.4354	−23.275	1.951	2.745	1	.098
[month=4]	−10.773	6.3422	−23.203	1.658	2.885	1	.089
[month=5]	−10.464	7.0060	−24.196	3.267	2.231	1	.135
[month=6]	−15.775	6.6100	−28.731	−2.820	5.696	1	.017
[month=7]	−20.683	6.3755	−33.179	−8.187	10.524	1	.001
[month=8]	−3.009	8.0976	−18.880	12.862	.138	1	.710
[month=9]	−16.561	7.0297	−30.339	−2.783	5.550	1	.018
[month=10]	−4.882	6.8383	−18.284	8.521	.510	1	.475
[month=11]	−10.145	6.6816	−23.240	2.951	2.305	1	.129
[month=12]	0	0	0	0	0	.	.
[VC_SHFSYY=1]	10.813	10.3666	−9.506	31.131	1.088	1	.297
[VC_SHFSYY=3]	4.891	6.5967	−8.038	17.820	.550	1	.458

续表

参数	B	标准 误差	95% Wald 置信区间		假设检验		
			下限	上限	Wald卡方	df	Sig.
[VC_SHFSYY=4]	−.541	6.802 3	−13.873	12.792	.006	1	.937
[VC_SHFSYY=6]	−.689	6.216 7	−12.873	11.496	.012	1	.912
[VC_SHFSYY=13]	−2.067	9.306 7	−28.308	8.173	1.170	1	.279
[VC_SHFSYY=14]	0ᵃ	.	.	.	.	.	.
[VC_SHFSDD=1]	3.435	9.420 0	−15.028	21.898	.133	1	.715
[VC_SHFSDD=2]	3.471	9.261 7	−14.682	21.624	.140	1	.708
[VC_SHFSDD=3]	2.779	9.303 8	−15.456	21.014	.089	1	.765
[VC_SHFSDD=4]	−12.934	13.524 7	−39.441	13.574	.914	1	.339
[VC_SHFSDD=5]	6.421	9.532 5	−18.262	19.105	.002	1	.965
[VC_SHFSDD=6]	−2.963	10.642 5	−23.822	17.896	.078	1	.781
[VC_SHFSDD=7]	−7.820	10.752 3	−28.894	13.255	.529	1	.467
[VC_SHFSDD=8]	5.549	9.562 4	−13.193	24.291	.337	1	.562
[VC_SHFSDD=10]	0ᵃ	.	.	.	.	.	.
[VC_SHFSSHD=1]	−3.224	10.913 1	−24.614	18.165	.087	1	.768
[VC_SHFSSHD=2]	−1.561	9.403 1	−23.991	12.869	.350	1	.554
[VC_SHFSSHD=3]	7.159	9.730 8	−11.913	26.231	.541	1	.462
[VC_SHFSSHD=4]	−1.494	9.680 5	−26.468	11.479	.599	1	.439
[VC_SHFSSHD=5]	−7.061	11.407 0	−29.418	15.297	.383	1	.536
[VC_SHFSSHD=6]	0ᵃ	.	.	.	.	.	.
[VC_SHXZ=1]	28.344	12.388 9	4.062	52.626	5.234	1	.022
[VC_SHXZ=2]	34.117	13.085 5	8.470	59.764	6.798	1	.009
[VC_SHXZ=3]	22.678	10.261 4	2.566	42.790	4.884	1	.027
[VC_SHXZ=4]	24.766	9.940 7	5.282	44.249	6.207	1	.013
[VC_SHXZ=6]	0ᵃ	.	.	.	.	.	.
[VC_SHBW=1]	23.227	7.927 7	7.689	38.765	8.584	1	.003
[VC_SHBW=2]	15.366	8.207 9	−.722	31.453	3.505	1	.061
[VC_SHBW=3]	0ᵃ	.	.	.	.	.	.
[VC_SHJJ=1]	0ᵃ	.	.	.	.	.	.
(刻度)	.047ᵇ	.006 8	.035	.062			

通过参数估计结果可知：

(1) 从性别角度而言，"男性"风险得分高于"女性"。

(2) 从文化程度而言，"文盲或半文盲、大专以上文化程度"的伤患风险得分较高，"小学、初中、高中和中专文化程度"的伤患风险得分较低。

(3) 从职业角度而言,"生产运输设备操作人员"和"离退休人员"风险得分高于其他人,"商业、服务业"伤患风险得分最低。

(4) 从伤害发生原因角度而言,"机动车车祸"对风险得分的影响最大,其次是"非机动车祸",对风险得分影响最小的是"其他"。

(5) 从伤害发生地点角度而言,"工业和建筑场所"对风险得分影响最大,其次是"体育和运动场所"和"公路/街道",对风险得分影响最小的是"家中"。

(6) 从伤害发生时活动角度而言,对风险得分影响最大的是"有偿工作",其次是"驾乘交通工具"和"体育活动","休闲活动"和"家务/学习"对风险得分的影响较小。

(7) 从伤害部位角度而言,对风险得分影响最大的是"头部",对风险得分影响较小的是"上肢"。

(8) 从伤害性质角度而言,对风险得分影响最大的是"扭伤/拉伤",其次是"骨折",对风险得分影响较小的是"锐器伤/开放伤"和"挫伤/擦伤"。

(9) 从伤害时间角度而言,"7月"对风险得分影响最大,其次是"9月",对风险得分影响最小的是"8月"。

5.4 主要结论与消费提示

(1) 2014—2022年,警示分数排名前五位的产品大类为:其他交通运输设备,汽车,家具,食品、饮料、食品相关产品,家用日用品。平均重度伤害频次排名前五位的产品大类为:其他交通运输设备,汽车,家用日用品,家具,食品、饮料、食品相关产品,文教体育用品。

消费提示:消费者在使用其他交通运输设备、汽车、家具、食品、饮料、食品相关产品、家用日用品等产品时,应该提高警惕,小心使用,做好避免产品伤害的防护措施,如佩戴保护用具、安装保护装置等。

(2) 2014—2022年,产品伤害警示分数排名前二十位的产品为:电动车,轿车,手工工具和五金制品,摩托车,自行车、助力车及零部件,饮料,家用家具,木、竹、藤、棕、草制品,载货汽车,体育用品,大中型客车,小型客车,日用塑料,车载零部件及附件,日用杂品,文化用品,林业产品,纺织制品,化学原料、化学制品及容器,日用陶瓷制品。

消费提示:消费者在使用或接触产品伤害警示分数排名前二十位的产品时,应严格遵守产品使用手册,同时做好防护措施,如戴头盔、手套等。

(3) 2014—2022年,汽车产品小类中的轿车、载货汽车、大中型客车为高警示分数产品;其他交通运输设备产品小类中的电动车、摩托车和自行车、助力车及零部件为高警示分数产品;家用日用品小类中的手工工具、五金制品为高警示分数产品。

消费提示:主要产品类别中的高警示分数产品不仅应提醒消费者提高防护意识,同时也应成为产品伤害监测下一步开展专项调查的重点领域。

(4) 性别、文化程度、职业、伤害发生原因、伤害发生地点、伤害发生时活动、伤害部位、伤害性质、伤害结局、伤害时间对于产品伤害的影响都非常显著。

消费提示：有关部门可以根据伤害环境（伤害发生地点、伤害发生时活动等）、伤患特征（性别、文化程度、职业等）的不同，采取针对性的产品伤害预防措施。

附录 1

全国伤害监测报告卡
（产品伤害监测用 2014 版）

江苏省产品伤害监测数据分析研究报告(2014—2022)

监测医院编号：☐☐☐☐☐☐☐☐　　　　卡片编号：☐☐☐☐☐

Ⅰ 患者一般信息

姓名：_____　　性别：1. ☐男　　2. ☐女　　年龄：_____岁
联系电话：_____
身份证号码：☐☐☐☐☐☐☐☐☐☐☐☐☐☐☐☐☐☐
户籍：1. ☐本市/县　2. ☐本省外地　3. ☐外省　4. ☐外籍
受教育程度：
1. ☐未上学儿童　2. ☐文盲、半文盲　3. ☐小学　4. ☐初中
5. ☐高中或中专　6. ☐大专　7. ☐大学及以上
职业：
1. ☐学龄前儿童　2. ☐在校学生　3. ☐家务
4. ☐待业　5. ☐离退休人员　6. ☐专业技术人员
7. ☐办事人员和有关人员　8. ☐商业、服务业人员　9. ☐农牧渔水利业生产人员
10. ☐生产运输设备操作人员及有关人员　11. ☐军人　12. ☐其他/不清楚

Ⅱ 伤害事件的基本情况

伤害发生时间：_____年_____月_____日_____时(24小时制)
患者就诊时间：_____年_____月_____日_____时(24小时制)
伤害发生原因：
1. ☐机动车车祸　2. ☐非机动车车祸　3. ☐跌倒/坠落　4. ☐钝器伤　5. ☐火器伤
6. ☐刀/锐器伤　7. ☐烧烫伤　8. ☐窒息/悬吊　9. ☐溺水　10. ☐中毒
11. ☐动物伤　12. ☐性侵犯　13. ☐其他　14. ☐不清楚
伤害发生地点：
1. ☐家中　2. ☐公共居住场所　3. ☐学校与公共场所　4. ☐体育和运动场所
5. ☐公路/街道　6. ☐贸易和服务场所　7. ☐工业和建筑场所　8. ☐农场/农田
9. ☐其他_____　10. ☐不清楚
伤害发生时活动：
1. ☐工作　2. ☐家务　3. ☐学习　4. ☐体育活动　5. ☐休闲活动
6. ☐生命活动　7. ☐驾乘交通工具　8. ☐步行　9. ☐其他　10. ☐不清楚
是否故意：
1. ☐非故意(意外事故)　2. ☐自残/自杀　3. ☐故意(暴力、攻击)　4. ☐不清楚　5. ☐其他
饮酒情况：1. ☐饮用　2. ☐未饮用　3. ☐不清楚

Ⅲ 伤害临床信息

伤害性质：(选择最严重的一种)
1. ☐骨折　2. ☐扭伤/拉伤　3. ☐锐器伤、咬伤、开放伤
4. ☐挫伤、擦伤　5. ☐烧烫伤　6. ☐脑震荡、脑挫裂伤
7. ☐内脏器官伤　8. ☐其他　9. ☐不清楚
伤害部位：(选择最严重的一种)
1. ☐头部　2. ☐上肢　3. ☐下肢　4. ☐躯干
5. ☐多部位　6. ☐全身广泛受伤　7. ☐其他_____　8. ☐不清楚
伤害累及系统：(选择最严重的一种)
1. ☐中枢神经系统　2. ☐呼吸系统　3. ☐消化系统　4. ☐泌尿生殖系统

全国伤害监测报告卡(产品伤害监测用2014版) 附录1

5. □ 运动系统	6. □ 多系统	7. □ 其他_____	8. □ 不清楚

伤害严重程度：1. □ 轻度　　　　2. □ 中度　　　　3. □ 重度
伤害临床诊断：_____
伤害结局：　1. □ 处理后离院　2. □ 留观　3. □ 转院　4. □ 住院　5. □ 死亡　6. □ 其他

Ⅳ 伤害涉及物品信息

物品名称1：_____　物品名称2：_____
(物品名称示例：冰箱、电饭煲、儿童推车、婴儿学步车、弹弓、轿车、卡车、电动自行车、自行车、砖瓦、树枝等；不能仅填写类别名称，如车、玩具、交通工具、塑料产品等；也不能模糊填写，如小球、珠子、机器等。)

如果您认为致伤物是产品，您认为此次伤害的发生与该产品使用的关系：
1. □ 使用不当　　　2. □ 与产品质量有关　　　3. □ 像往常一样使用却突发事故
4. □ 不确定　　　　5. □ 其他

　　填报人：_____　　　填卡日期：_____年_____月_____日
　　典型案例(可多选)：1. □ 重度非故意　　2. □ 单次事件造成3人及以上非故意伤害
　注：此卡不作为医学证明。

附录 2
伤害监测产品分类

序号	产品大类	产品小类
1	农、林、牧、渔产品	农业产品、林业产品、畜牧业产品、渔业产品
2	食品、饮料、食品相关产品	饮料、食品相关产品、农副食品加工产品、制造食品
3	纺织品、服装(饰)、鞋帽	机织物和簇绒织物、服装以外的纺织制品、线和丝、儿童服装(饰)、其他服装(饰)、鞋帽、特种劳动防护用品
4	皮革、毛皮、羽毛(绒)及其制品，木、竹、藤、棕、草制品，纸及其制品	皮革、毛皮、羽毛(绒)及其制品，木、竹、藤、棕、草制品，纸及其制品
5	家具	家用家具、办公家具、其他家具
6	文教体育用品	体育用品、文化用品、健身器材、乐器、游艺用品及室内游艺器材、其他文教体育用品
7	家用日用品	手工工具、五金制品、日用杂品、日用陶瓷制品
8	汽车	轿车、大中型客车、载货汽车、汽车挂车、小型客车、车载零部件及附件、其他
9	其他交通运输设备	自行车、助力车及零部件，摩托车，其他
10	玩具	童车类,塑胶玩具,毛线、布制玩具,娃娃玩具,电动类玩具,金属玩具,弹射玩具,发条类玩具,其他玩具
11	家用电器	家用厨房电器具,照明光源,灯具,家用制冷电器具,家用通风电器具,家用清洁卫生电器具,家用美容、保健电器具,家用视听设备,信息技术设备,照摄像产品,其他家用电器,电器附件
12	金属制品	
13	机械类	专用设备和电气机械与器材、通用设备、常见金属制品等
14	非金属矿物制品	
15	其他产品	